亲顾客偏离行为研究：形成、后效与干预

胡家镜 刘燕 著

西南财经大学出版社
Southwestern University of Finance & Economics Press
中国·成都

图书在版编目(CIP)数据

亲顾客偏离行为研究:形成、后效与干预/胡家镜,刘燕著.—成都:西南
财经大学出版社,2023.12
ISBN 978-7-5504-6057-7

Ⅰ.①亲…　Ⅱ.①胡…②刘…　Ⅲ.①顾客满意战略—研究　Ⅳ.①F719

中国国家版本馆 CIP 数据核字(2023)第 254170 号

亲顾客偏离行为研究:形成、后效与干预

QIN GUKE PIANLI XINGWEI YANJIU:XINGCHENG、HOUXIAO YU GANYU

胡家镜　刘　燕　著

策划编辑:邓克虎
责任编辑:邓克虎
责任校对:肖　翀
封面设计:何东琳设计工作室　张姗姗
责任印制:朱曼丽

出版发行	西南财经大学出版社(四川省成都市光华村街55号)
网　　址	http://cbs.swufe.edu.cn
电子邮件	bookcj@swufe.edu.cn
邮政编码	610074
电　　话	028-87353785
照　　排	四川胜翔数码印务设计有限公司
印　　刷	郫县犀浦印刷厂
成品尺寸	170 mm×240 mm
印　　张	12.5
字　　数	204 千字
版　　次	2023 年 12 月第 1 版
印　　次	2023 年 12 月第 1 次印刷
书　　号	ISBN 978-7-5504-6057-7
定　　价	78.00 元

本书编写成员

胡家镜　刘　燕

杨仕元　张垭欧　陈　晨

序

我和胡家镜博士的学术联结始于 2017 年。在那年的 5 月，我作为答辩委员会成员，在西南财经大学光华校区参加了包括她的博士论文在内的三篇博士论文的答辩。胡家镜的博士论文聚焦亲顾客偏离行为这一研究主题。尽管答辩已经过去 6 年多，但我至今仍然对她的论文记忆犹新，因为亲顾客偏离行为虽然是组织管理及客户管理中出现的独特现象，但在旅游服务研究领域尚未得到足够关注。据我的理解，亲顾客偏离行为实际上暗合《孙子兵法》中的"将在外，君命有所不受"的决策思想，即将士在外为了避免贻误战机，在某些情况下可以随机应战，而不遵从君王命令。显然，现代社会中的商场如同战场，当遇到特殊情况或突发状况时，处于一线与顾客密切接触的员工可先自行应变处理，以免给顾客或者企业带来消极影响或损失。这一柔性管理决策行为实际上在现代服务业中，尤其在以"主客互动"为关键特征的旅游业中是极为常见的，如何放权管理、有效规避风险和进行干预是管理决策者面临的难题。即使在今天来看，胡家镜 6 年前的博士论文选题也具有很好的学术前瞻性。

值得欣喜的是，胡家镜博士这些年继续围绕亲顾客偏离行为这一主题展开延伸研究和学术攻关。胡家镜博士进一步吸取来自人力资源管理学、组织行为学、服务心理学的学术营养，围绕"员工—顾客"互动过程，并纳入道德审视的跨学科视角，展开了定性和定量相结合的混合研究。这本书是她完成博士论文答辩后，研究亲顾客偏离行为的第二本专著。尤其值得一提的是，胡家镜博士以亲顾客偏离行为为研究主题，不仅在国内外重要学术期刊如《心理科学进展》、《旅游学刊》、*Tourism Management*、*International Journal of Hospitality Management*、*International Journal of Contemporary Hospitality Management* 上发表了一系列高水平论文，还在 2020 年获得了国家自然科学基金的资助。这表明她在亲顾客偏离行为这一领域的研究已经具有一定的学术影响力，可喜可贺！

在本书中，胡家镜博士首先重点研究了亲顾客偏离行为的跨层次与多路径形成机制，发现员工实施亲顾客偏离行为的首要动机，以及受到服务型领导特质和行为准则的激励影响的机制特征；其次，从顾客视角讨论了顾客对亲顾客偏离行为的反应机制，不仅建构了对应的理论，还提出了顾客对亲顾客偏离行为多样化响应的探索性模型，并证实了道德凝视带来的复杂道德情绪的后续消费行为促进或抑制作用；最后，进一步采用情景实验，论证了亲顾客偏离行为与优待水平感知、感激情绪、厌恶情绪与实施公民行为的影响传导机制，深刻揭示了这一过程中引入共有关系和交易关系的差异反应影响。

本书告诉我们，要正视亲顾客偏离行为的客观性和普遍性，除了要科学评估亲顾客偏离行为带来的"双刃剑"效应，也要科学运用服务型领导，适度赋权并激发员工亲顾客偏离行为产生的积极效应。员工与顾客的服务管理是管理科学永恒的重要研究对象和关键内容，胡家镜博士还针对这一领域提出了前瞻性的研究方向，诸如开发具有中国本土化特色的亲顾客偏离行为量表、进一步引入多元领导类型，以及转向后效视角与拓展新场景等，这些都很有见地与前瞻性。我也欣喜地看到来自四川农业大学商旅学院的校友刘燕博士也加入了这一领域的研究，在此我也衷心希望有更多像胡家镜博士一样的青年学者能够持续地执着于思考与研究有价值的学术问题，一起为我国服务管理的学科建设与实践发展贡献力量。

程励
2023 年 11 月于竹林村

前言

2014 年，我身兼大学教师和在读博士研究生的双重身份。作为教师，我长期从事与旅游相关的教学科研工作，在带领一批批学生投身旅游企业实习实践过程中，坚持向行业学习，关注旅游接待服务管理，力争做到产教融合；作为学生，那一年我面临博士论文开题，尽管我一直关注旅游等服务产业的学术和实践问题，但仍未找到让自己心动的研究选题。直到一天，在跟一位学生交流酒店实习心得的时候，她给我分享了一个小故事，让我开始关注服务交付过程中的"亲顾客偏离"行为，并开启了我对这一现象长达 10 年，甚至未来会更久的研究之路。

故事是这样的：学生作为酒店实习生，在服务过程中发现顾客生病，因为强烈的顾客意识，她违反酒店规定为客人提供了药物，客人身体好转后特别感动，分别向她和酒店致谢。尽管如此，她却因为这一举动遭到酒店管理者的严厉批评。很显然，管理者似乎并不认可员工的"亲顾客"动机。学生的疑惑也就变成了我的疑惑。入职培训时，酒店传递的殷勤待客之道和管理者的服务意识让一线员工为之震动，他们衷心希望能够为顾客提供难忘的服务体验。当顾客的服务需求与组织的规章制度发生冲突时，员工极易触碰组织的制度红线，通过偏离行为去帮助顾客。那么，这样的行为是酒店行业的个案吗？在其他服务场景中存在吗？除了顾客意识之外，员工实施该行为还需要勇气，具体的驱动因素和机制是什么？管理者不认可该行为的原因是什么？顾客作为受益者，致谢感激是唯一反应吗？一次交流牵引出一系列疑问，我开始向服务实践和学术研究寻求答案。

2014年4月，我开始在成都对酒店行业管理人员、一线员工以及顾客进行探索式访谈，我的调研得到了时任成都丽思卡尔顿酒店人力资源总监王晨和他的同事们、重庆悦来温德姆酒店房务总监钟玺女士和她的同事们、广安富盈酒店人力资源总监杜春荣女士，以及成都世纪城天堂洲际大酒店、青城山六善大酒店、青城豪生大酒店的部分管理者和一线员工的大力支持；还有我的首批顾客受访者，他们给我提供了极具启发性的研究视角和观点。访谈结果初步证实了这种行为的普遍性和管理上的两难境地，它犹如黑暗中的一道光，虽然微弱，却给予了我方向。与此同时，我开始追踪组织行为学、服务管理、服务营销等领域的文献。组织行为领域的"亲社会违规"和服务领域的"亲顾客服务"研究成果，为我大胆提出并锁定"亲顾客偏离行为"研究奠定了坚实基础。这项研究在2020年获批国家自然科学基金立项资助。

在接下来的研究中，西南财经大学的张梦教授（我的博士研究生指导教师）、付晓蓉教授、谢庆红教授、唐小飞教授、吕兴洋教授，四川大学的杨振之教授、程励教授，海南大学的谢彦君教授，青岛大学的马波教授，北京大学的符国群教授，美国华盛顿州立大学的Dogan Gursoy教授，北京第二外国语学院的李朋波副教授等给我提出了极具参考价值的建议。感谢他们的无私帮助、指导！我以此为选题，完成了博士论文。此外，感谢海南大学的胥兴安教授、中南财经政法大学的李明龙教授、西北大学的杨晓副教授、浙江师范大学的潘莉副教授、西南财经大学的林红霞副教授，幸得他们的鼓励、帮助，我的科研道路上始终有挚友相伴。随后，我将行业对象和服务场景拓展至零售业、航空业、金融服务业等领域，进一步提炼研究问题，完善研究思路。

自此，有关亲顾客偏离行为的个人探索转为团队研究，我们开始面向现代服务业，重新整理研究思路，设计研究方法，通过理论演绎、行业观察、深度访谈、问卷调查、情境实验等多种方式（见附录）收集数据。这个过程持续了3年。感谢来自旅游服务业、金融服务业、餐饮服务业、零售业、咨询服务业等30余家服务企业、60余名访谈对象和2 000余名问卷匿名填写者，你们的大力支持让我们的研究得以顺利进行。感谢西南财经大学的张梦教授、徐晓炜副教授和张梦莹博士，四川农业大学的刘燕副教授、梁佳副教授、陈晨博士在各个子研究中的学术贡献。感谢我的硕士研究生熊林、马秀丽、宋悦、欧楚楚等，她们已经成长为西南财经大学、厦门大学、中山大学的博士研究生，她们的积极参与，在数据采集和分析过程中发挥了重要作用。基于上述研究工作，我们在 *Tourism Management*、*International Journal of Hospitality Management*、*International Journal of Contemporary Hospitality Management* 等 SSCI 期刊和《心理科学进展》《旅游学刊》《中国人力资源开发》等国家自然科学基金和国家社会科学基金重点资助期刊上发表论文8篇，希望我们的研究成果对服务传递和服务管理有所启发。

我们的研究成果得到了学界和业界的双重认可。特别感谢学术前辈、四川大学的程励教授为本书作序，感谢业界精英、四川岷山饭店副总经理江涛先生，四川旅投教育投资公司副总经理王蓉女士为本书撰写的书评，你们的认可鼓舞着我们继续前行！

学术研究道阻且长，行则将至！本书中存在的研究局限和不足，敬请学界同仁和业界朋友不吝指教！

胡家镜

2023 年 11 月于成都

摘要

　　在服务消费转型与升级背景下，尤其是人工智能（artificial intelligence，简称 AI）深度介入标准化服务过程中，由员工主导的个性化服务成为灵活响应顾客多样化需求、提升顾客服务体验、增强企业服务竞争力的有效手段。然而，提供个性化服务时常伴随打破服务常规、逾越制度红线、挑战组织权威。服务营销领域学者将员工为帮助顾客或维护顾客利益而有意识偏离组织正式规章制度的行为定义为亲顾客偏离（pro-customer deviance）。

　　亲顾客偏离现象在服务组织中由来已久，且普遍存在，让服务管理者面临两难境地：员工的"善意"需要得到保护，制度的"铁律"也不能随意破坏。如何引导和干预亲顾客偏离行为，成为服务企业亟须正视和解决的现实课题。综观组织行为和服务管理相关研究，尽管组织行为领域和服务/顾客主导逻辑下的服务研究中都涉及员工偏离行为，但尚未明确定义"亲顾客偏离"的学术概念，且未曾考虑该行为同时具备"亲顾客"（pro-customer）动机与"偏离组织规则"（rule bending）的双重道德属性，从而导致现有研究结论的针对性和解释力不足。由此，准确把握亲顾客偏离行为的内涵特征，辨识行为表现，深刻理解其形成机制，客观评判亲顾客偏离行为对顾客的影响，是服务组织有效干预亲顾客偏离行为的前提，也是服务营销和组织行为领域亟待开展的研究议题。

　　本研究全面梳理了亲顾客偏离行为的概念起源、内涵特征与结构维度，系统回顾了相关研究成果，识别出亲顾客偏离行为的前因变量和结果变量，借助社会学习理论、资源保存理论、社会交换理论、认知评价理论等，通过理论推演、质性分析和实证研究，构建和验证亲顾客偏离行为的形成机制与顾客反应模型，以期推动服务营销和服务组织行为研究，帮助服务组织正确理解、评估、管理员工的亲顾客偏离行为。本书的核心内容和结论包括以下四个方面：

1. 亲顾客偏离行为的概念辨析和特征识别

从工作场所中的员工偏离行为和服务场景中的员工亲顾客行为两个领域溯源，对员工的消极偏离行为、积极偏离行为、亲社会违规行为以及亲和型亲顾客行为、激进型亲顾客行为进行概念辨析，从行为动机、行为本质、行为表现和行为结果四个方面开展比较分析，明确界定了亲顾客偏离行为的概念，识别出其独有的行为特征，即源于员工发自内心帮助顾客或维护顾客利益的良好动机，但行为表征偏离了组织的规章制度，具有"亲顾客"和"偏离组织规则"的双重道德属性。亲顾客偏离行为的概念界定和特征识别是探讨行为形成机制和后效机制的逻辑起点。

2. 亲顾客偏离行为的跨层次、多路径形成机制研究

从管理实践来看，管理者是组织规则的制定者与监督者，是员工学习模仿的主要信息源，其领导风格是塑造下属认知和行为的重要前因变量。尽管组织行为领域的部分研究已经关注到领导风格与工作场所偏离行为之间的关系，但相关结论具有争议性，领导风格对亲顾客偏离行为产生怎样的影响尚不清楚。

员工实施亲顾客偏离行为的首要动机是增加顾客福祉，但当员工实际选择偏离组织规则去满足甚至超越顾客期望时，员工需要拥有强大的心理资源去创造性地解决工作难题。服务型领导被广泛视为卓越服务的关键驱动力。从社会学习理论视角来看，服务型领导"服务他人"的特质和行为准则，能够激励员工模仿他们去关注顾客需求；从资源保存理论视角来看，服务型领导能够赋予员工重要的工作资源，从而突破众多工作限制，帮助顾客解决突发的、复杂的问题。

对此，本研究构建了服务型领导对员工亲顾客偏离行为的跨层次、多路径影响模型。面向服务企业一线员工，通过三阶段的问卷调查，运用时滞数据验证了服务型领导对员工亲顾客偏离行为的激发作用，发现服务型领导赋予员工的创新自我效能，是驱动员工实施亲顾客偏离行为的关键前置因素，从而进一步揭示了服务型领导通过员工的组织创新支持感和工作自主性两条路径提升员工的创新自我效能，进而促进员工实施亲顾客偏离行为。

3. 亲顾客偏离行为的顾客反应及机制研究

顾客是服务的直接使用者和评价者,从顾客反应的视角判断亲顾客偏离行为的后效,符合服务利润链的基本逻辑,也是管理者理解和评估亲顾客偏离行为服务绩效的理论依据。鉴于此,本研究通过三个逻辑关联紧密的子研究,从服务组织外部顾客的视角,全面、深度呈现亲顾客偏离行为的后效。

一是亲顾客偏离行为顾客反应的理论构想。亲顾客偏离行为的利他动机和偏离组织规范的双重道德属性相互交织,打破了顾客对单一属性服务行为的认知评价。顾客会根据特定道德标准,对亲顾客偏离行为形成不同层次的道德认知评价,并在这个过程中诱发复杂、矛盾的道德情绪,进而影响顾客再惠顾等行为反应。为此,本研究构建了顾客对亲顾客偏离行为响应的理论模型,从道德行为的视角研究亲顾客偏离行为结果的理论命题。第一,基于亲顾客偏离行为的内涵特征,分析发现个人受益的认知评价维度引发顾客感激,他人受损的认知评价维度引发顾客内疚(他人受损程度低)和顾客羞愧(他人受损程度高)。第二,从道德情绪的复杂性和矛盾性出发,发现亲顾客偏离行为引发感激和内疚情绪共存时,顾客再惠顾意愿增强;亲顾客偏离行为引发感激和羞愧情绪共存时,顾客再惠顾意愿削弱。此外,还分析了顾客认知特质和服务情境的调节作用。

二是亲顾客偏离行为顾客反应的探索性研究。尽管亲顾客偏离行为顾客反应的理论构想构建了顾客对亲顾客偏离行为多样化响应的理论模型,开启了亲顾客偏离行为后效研究的新篇章,但理论模型是否契合行业实际还有待验证。对此,亲顾客偏离行为顾客反应的探索性研究面向酒店、餐饮、航空、零售、休闲娱乐等服务型企业顾客开展半结构化访谈,引入态度的 ABC 模型作为分析框架,通过主题编码,为呈现亲顾客偏离行为的顾客反应提供定性见解。本书研究发现,在同一服务场景中,顾客存在角色分化,分为亲顾客偏离行为的涉事顾客和观察顾客。总体而言,涉事顾客对亲顾客偏离行为表现出更积极的反应,而观察顾客表现出更消极的反应。特别值得注意的是,无论是涉事顾客还是观察顾客,都会对亲顾客偏离行为产生一种道德凝视,产生感知他人受损、感知企业诚信缺失等道德认知判断,进而产生内疚、厌恶等主观道德情绪,在道德认知与消费行为之间发挥中介作用。亲顾客偏离行为顾客反应的探索性研究初步证实了理论构想中的结论，即复杂道德情绪会在不同程度上促进或抑制顾客的后续消费行为。

三是亲顾客偏离行为顾客差异化反应的实证研究。理论构想和探索性研究均发现需要将顾客进行有效分类，实证研究设计应充分考虑顾客的角色分化，不同顾客对亲顾客偏离行为的反应及机制存在差异。对此，基于社会交换理论和认知评价理论，通过四组情境实验，证实亲顾客偏离行为正向影响涉事顾客的感知优待水平，进而激发涉事顾客的感激情绪，促进涉事顾客实施顾客公民行为；亲顾客偏离行为正向影响观察顾客的心理契约违背感知，进而激发观察顾客的厌恶情绪，抑制观察顾客实施顾客公民行为。顾客与企业之间的关系规范发挥着调节作用，对共有关系的涉事顾客来说，感知优待水平和感激情绪的正向链式中介作用更强，但对交易关系的涉事顾客来说，该正向链式中介作用更弱。同理，对交易关系的观察顾客来说，心理契约违背和厌恶情绪的负向链式中介作用更强，但对共有关系的观察顾客来说，该负向链式中介作用更弱。

4. 亲顾客偏离行为的干预策略

基于系列研究结果和发现，从正视亲顾客偏离行为的客观性和普遍性，科学评估亲顾客偏离行为的"双刃剑"效应；科学运用服务型领导，制定长效合理的服务细则，加强应变培训和合理授权，遏制亲顾客偏离行为的负面效应；从关注顾客在服务交互中的道德情绪体验、重视顾客关系的建立和维护、激发员工服务创新、引导权变性服务绩效最大化等方面提出具体的干预策略。

本研究根植于服务接触中频繁发生的、让管理者陷入两难境地的行为现象，通过全面考察服务接触中亲顾客偏离行为的形成机制，以及对顾客认知、情感和行为的影响及机制，致力于帮助服务企业管理者识别亲顾客偏离行为产生的原因，客观评估其实际绩效，并准确识别服务绩效产生的潜在机制，针对性地进行管理干预。本研究将组织行为学、认知心理学和服务营销学相关理论有机结合，议题的跨学科交叉理念既为系列研究奠定了深厚的理论基础，又为各学科提供了新的研究发现，贡献了部分理论创新。

关键词：亲顾客偏离；心理资源；道德情绪；形成机制；顾客反应

目录

1 绪论

1.1 亲顾客偏离行为的研究缘起和意义

服务消费的转型与升级使得标准化服务不能再满足顾客的个性化需求，个性化服务成为服务企业提升顾客体验、增强竞争优势的重要手段。一线员工在服务交付过程中时常会面临"两个老板"的尴尬局面：当顾客需求与组织目标不匹配甚至相冲突时，顾客时常向员工施加压力，要求员工通过弹性操作满足其个性化需求（Eddleston et al., 2002）；组织为了保证服务运行效率和标准，则要求员工严格遵守规章制度和服务规程（Hui et al., 2004），从而限制了员工的服务交付方式（Agarwal, 1993）。然而，服务情境的不确定性和服务规程的不完备性（Leo et al., 2012），需要员工对顾客的个性化需求做出自主灵活的响应。加之一线员工处于组织边界位置，与顾客互动频率高、顾客意识强烈（Cadwallader et al., 2010；Mechinda et al., 2011），极易逾越组织制度红线，通过偏离甚至是直接违背组织正式规章制度的方式满足顾客个性化需求，以期为顾客创造更好的消费体验（Brief et al., 1986；Campbell, 2000；Hui et al., 2004）。例如，员工越权给予顾客折扣以平息顾客抱怨。服务营销领域学者将这类员工为帮助顾客或维护顾客利益而有意识偏离组织正式规章制度的行为定义为亲顾客偏离行为。

尽管亲顾客偏离行为的提出时间较短，但该现象长期存在于服务组织中。以往积极组织行为与消极组织行为研究中都曾涉及员工偏离行为，但并未考虑员工亲顾客行为动机与偏离组织正式规章制度两种道德行为表征同时存在的状况（Morrison，2006）。随着顾客导向这一服务逻辑的兴起，亲顾客偏离行为的表现形式也愈发多样，发生频率也在逐步加快，使管理者陷入两难境地：员工的"善意"需要得到保护，制度的"铁律"也不能随意破坏。准确把握亲顾客偏离行为的内涵特征，辨识行为表现，深刻理解其形成机制，客观评判亲顾客偏离行为对内部组织和外部顾客的影响，是服务组织有效干预亲顾客偏离行为的前提，也是服务营销和组织行为领域亟待开展的研究议题。

综观国内外偏离行为相关研究成果，多是站在偏离行为实施主体的视角，讨论工作场所员工偏离行为或违规行为的性质、类型以及行为动机。鲜有研究深入探究服务组织边界员工的亲顾客偏离行为，除了极少数学者开始探索亲顾客偏离的驱动因素（李朋波 等，2021），大多数学者都忽略了基于行为客体——顾客对该行为的认知评判，以及顾客对亲顾客偏离行为的情感和行为反应。

鉴于此，本研究将系统回顾相关研究成果，全面梳理亲顾客偏离行为的概念与特征、结构与测量，识别亲顾客偏离行为的前因变量和结果变量，并对相关研究进行评述，通过理论构想、探索性分析和实证研究，构建和验证亲顾客偏离行为的形成机制和顾客反应模型，以期推动服务营销和服务组织行为研究，帮助服务组织正确理解、评估、管理员工的亲顾客偏离行为。

本研究具有重要的理论价值和实践意义。理论价值体现在：

（1）本研究聚焦于服务组织边界员工的亲顾客偏离行为，深化和丰富了工作场所员工偏离行为和服务行为的研究内容。国内外研究者从组织行为的视角，在工作场所的消极偏离行为、积极偏离行为和亲社会违规行为的概念界定、判断准则、特征属性以及类型划分等方面已经取得了丰富的研究成果。当前研究多将工作场所中的偏离行为视为一个整体探讨，鲜有文献集中关注边界员工的亲顾客偏离行为，因此聚焦探究服务组织边界员工偏离行为能够提高研究效度和深度。服务营销领域相关研究多从行为的单一属性出发，讨论优质服务（服务失败）对顾客体验、顾客忠诚等服务绩效的影响。将顾客导向型违规概念移植到服务行为研究中，形成亲顾客偏离这一核心概念，既深化了员工偏离行为的研究内容，又丰富了服务行为的研究内容。

（2）本研究以社会学习理论和资源保存理论为基础，从社会互动的视角，探讨了管理者领导风格如何影响员工的亲顾客偏离行为，丰富了亲顾客偏离行为的前因研究。尽管组织行为学者已经将亲顾客偏离视为亲社会违规（pro-social rule breaking）的一个维度，探讨了员工个体特征、岗位特征、组织氛围、顾客等因素对亲顾客偏离的影响，但管理者是组织规则的制定者与监督者，是员工学习模仿的主要信息源，其领导风格是影响下属认知和行为的重要前因变量。本研究从服务型领导的视角入手，基于资源保存理论构建了亲顾客偏离行为的跨层次多路径形成机制模型，继承和超越了有关亲顾客偏离行为影响因素的现有文献，揭示了服务型领导影响员工亲顾客偏离的潜在路径，为亲顾客偏离行为形成机制提供了新的解释。

（3）本研究着重考察了道德情绪体验在亲顾客偏离行为与顾客反应之间的中介作用，完善了服务绩效研究的分析框架。现有服务绩效研究大多遵循"服务行为—认知满意—顾客忠诚"的分析框架，对情感体验，尤其是道德情绪在服务评价中的影响及路径分析不够。本研究以亲顾客偏离行为的双重道德属性为逻辑起点，借助情绪认知评价理论，提出顾客对亲顾客偏离行为的道德情绪反应包括以感激为主成分的赞赏他人的道德情绪，以内疚、羞愧为主成分的自我意识的道德情绪，以及以厌恶为主成分的谴责他人的道德情绪，将亲顾客偏离行为引发的道德认知和道德情绪反应纳入顾客的服务评价体系，从理论构想到实验研究，从质性分析到实证检验，系统、深刻地揭示了道德情绪的中介作用，是对现有服务绩效分析框架的补充和完善。

（4）本研究基于顾客角色分化的视角，拓展了参照群体理论。参照群体理论以社会规范和社会信息为作用机理，关注到同一服务场景中的观察顾客与涉事顾客的消费决策和体验差异。关于亲顾客偏离作用效果的有限研究均"一边倒"地认为该行为有助于提高顾客的满意度，进而形成企业忠诚。原因在于学界对亲顾客偏离的后效研究更多集中在实际参与该行为的顾客，却忽略了同一场景下因角色分化而形成的观察顾客（Ho et al., 2020）。本研究关注到服务消费场景下同时存在的涉事顾客和观察顾客，依据社会交换理论全面揭示了亲顾客偏离的"双刃剑"效应，弥补了以往单一研究视角的局限性，有助于辩证评判亲顾客偏离的后效影响。

（5）本研究引入关系规范这一变量，探究了亲顾客偏离行为作用过程的边界机制，拓宽了亲顾客偏离行为对顾客情感和行为反应影响的权变条件。关系规范在消费者与企业的联结中扮演着重要角色，不同关系规范下的消费者会采取不同的信息处理策略，进而影响消费者对产品和服务的评价、消费体验及后续行为。本研究发现亲顾客偏离行为在不同关系规范（共有关系/交易关系）下，对顾客的影响也会产生差异。这再次证实顾客会在关系规范的指导下与企业进行互动，一定程度上丰富了服务营销管理相关研究结论。

本研究的实践意义体现在：

（1）本研究有助于警示服务企业重视亲顾客偏离行为的干预管理。服务企业一线员工具备与顾客互动频率高、服务弹性大、行为可观测性明显等特点，服务企业需要意识到亲顾客偏离行为的广泛性和普遍性，充分了解员工从事该行为的内在动机、外部条件和行为表现，通过管理创新，暴露并改善企业现行制度的不足，或者制定新的管理制度将员工的亲顾客偏离行为转化为亲顾客合规行为，从而促进组织更好发展。

（2）本研究有助于指导服务企业审视管理者领导风格和方式。服务型领导被广泛视为卓越服务的关键驱动力，许多卓越的服务企业将组织成功归功于服务型领导。本研究结论有助于指导服务企业管理者如何有效实施服务型领导，以身作则培养员工的服务精神和顾客意识，要注意自身言行，恰当地宣传企业有关服务创新的政策思想，指导员工合理合规地发挥服务的创新效能。同时，提示服务型领导授予员工工作自主权时，要对员工进行必要的辅导和监督，避免员工因盲目自信而越轨，从而对员工、组织、顾客的利益造成不必要的损害。

（3）本研究有助于服务企业从顾客反应的角度，对亲顾客偏离行为产生的服务绩效进行客观评估。亲顾客偏离行为让管理者左右为难，企业的制度"铁律"在员工的"善意"行为面前似乎可以网开一面。这一认知逻辑通常建立在该服务行为旨在帮助顾客，顾客对此就应该产生正面的评价和反应的假设之上。基于顾客异质性反应的研究能指导管理者明确亲顾客偏离带来的正面效应和负面效应，正确认识和评估亲顾客偏离行为的实际服务绩效，进而对亲顾客偏离行为进行权变管理。

（4）本研究能帮助服务企业关注顾客道德认知评判和情感体验，提升管理效率。随着服务业的快速发展，服务产品的功能差异越来越小，顾客在追求个性化服务带来的心理愉悦和情感激发的同时，越来越关注服务交互的纯粹性和道德性。在具备相似服务环境、服务项目以及设施设备的企业中，亲顾客偏离行为可能给顾客带来不同性质、不同程度的道德认知和情感体验，从而使顾客形成截然不同的购后态度和行为。本研究有助于企业重新审视顾客情感体验，将顾客体验管理的重点由一般服务认知和情感体验聚焦至道德认知和道德情绪，从而提高顾客体验的管理效率。

（5）本研究能帮助服务企业做好场景控制，强化顾客异质性体验管理。服务场景共享是一把"双刃剑"，既可能损害顾客体验，也可能提升顾客体验。服务企业对场景共享的认知，主要停留在通过服务场景控制，避免给其他顾客带来负面体验，如破坏服务规程帮助部分插队顾客等。本研究有助于服务企业巧妙运用场景共享，在提升涉事顾客的服务体验的同时，能避免带给观察顾客负面体验，从而展示企业服务正面的品牌形象，传播服务理念。

1.2　亲顾客偏离行为的研究内容框架

本研究围绕亲顾客偏离行为的概念辨析、研究进展、形成机制、顾客反应、干预策略等内容展开研究，共由 7 章构成。

第 1 章为绪论。全面介绍亲顾客偏离行为的研究缘起、理论意义、创新点、内容框架以及研究思路和方法。

第 2 章为亲顾客偏离行为的概念、特征与维度。梳理了工作场所员工偏离行为、亲社会违规行为、顾客导向行为等相关概念,界定亲顾客偏离行为的概念,并通过概念辨析提炼出亲顾客偏离行为的内涵特征;进一步从单一维度和多维结构介绍亲顾客偏离行为的测量方式。重点剖析了亲顾客偏离行为具备的双重道德属性,找出研究的切入点。

第 3 章为亲顾客偏离行为的研究进展。回顾和梳理了亲顾客偏离行为的影响因素、亲顾客偏离行为后效、消费者情感等相关研究,对涉及的相关理论、重点问题和研究方法等进行了系统评述,找出了研究的理论和方法缺口,为搭建研究构想、构建理论模型、设计研究方案提供了文献支持。

第 4 章为亲顾客偏离行为的跨层次、多路径形成机制研究:服务型领导视角。领导是一线员工行为决策的重要参考点,引入社会学习理论和资源保存理论,构建服务型领导与亲顾客偏离行为关系的理论模型;通过问卷调查,借助 AMOS 等统计工具,实证检验理论模型中的研究假设,揭示服务型领导通过赋予员工心理资源,从而驱动员工亲顾客偏离行为发生的过程机制。

第 5 章为亲顾客偏离行为的后效研究:顾客反应的视角。长期以来,工作场所偏离行为的后效研究都集中在组织内部,一线员工处于边界位置,顾客是服务的购买者、体验者和最直接的评价者,从顾客反应的视角探讨亲顾客偏离行为的后效,有助于科学、精准评估该行为产生的服务绩效。这也是服务组织对亲顾客偏离行为进行管理干预的重要依据。本章为本研究的重点内容,由三个独立而系统的子研究构成,综合理论构建、质性分析和情境实验,循环剖析顾客对亲顾客偏离行为的认知评判、道德情感及行为反应。

第 6 章为亲顾客偏离行为的研究结论与干预策略。整合文献分析、质性研究和实证研究结果,总结亲顾客偏离行为研究结论,并根据研究结论提出干预策略。

第 7 章为亲顾客偏离行为的未来研究方向。深入现代服务业，将研究结论与现代服务业中的亲顾客偏离行为实际情况形成对比印证，挖掘亲顾客偏离行为在管理实践中的新问题，以及在理论探寻中的新视角和新方法，从而提出未来的研究方向。

1.3 亲顾客偏离行为的研究思路和方法

1.3.1 研究思路

本研究坚持理论联系实际的基本原则，根据研究目标与研究内容的需要，遵循"提出问题—理论研究—研究构想与模型构建—质性分析—实证研究—结论讨论与实践应用"的研究思路，总体方案如下：①通过案头研究，系统回顾亲顾客偏离行为的概念起源和发展脉络，通过概念辨析明晰其内涵特征；全面梳理亲顾客偏离行为发生的驱动因素，寻求行为形成机制的全新理论视角；着眼于行为反应主体——顾客，从顾客反应的角度，论证亲顾客偏离行为后效研究的必要性、可行性，尝试构建亲顾客偏离行为形成机制和顾客反应的研究框架。②开展田野观察和深度访谈，考察亲顾客偏离行为的行业现象和属性特征，了解服务企业管理层和顾客对亲顾客偏离行为的心理和行为反应，判断管理者和顾客真实的、自发的思维过程与研究命题的一致性，以此修正、完善理论模型。③通过问卷调查，实证检验管理者领导风格对亲顾客偏离行为的影响及内在机制。④结合质性分析和理论演绎，调查零售、航空、旅游、咨询等服务行业亲顾客偏离行为的存在状态以及顾客反应，构建亲顾客偏离行为对顾客道德情绪、再惠顾意愿、顾客公民行为的影响模型，并通过实验研究检验模型中变量之间的作用路径和机制。⑤全面总结研究结论，在多行业中进行广泛验证，提出亲顾客偏离行为的管理干预策略。本研究技术路线如图 1-1 所示。

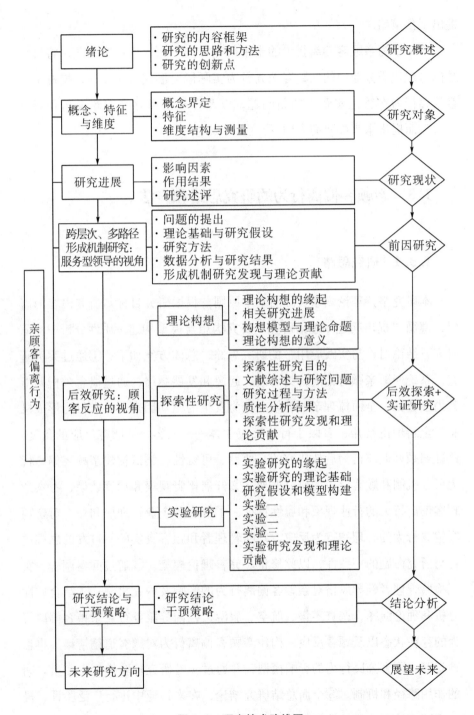

图 1-1 研究技术路线图

1.3.2 研究方法

本研究采用定性研究和定量研究相结合的研究方法，根据研究问题，借助多种分析工具，力求保证研究的科学性和严谨性。具体方法运用如下：

（1）文献研究法。其主要用于梳理亲顾客偏离行为、消费情景下的道德情绪相关研究，寻求理论支撑和方法借鉴，形成总体研究框架和理论构想，构建理论模型，设计具体工作方案。

（2）田野观察与深度访谈法。其主要用于观察、解读零售业、航空运输业、旅游业、咨询服务等服务行业中广泛存在的亲顾客偏离行为属性特征，以及行业管理层、顾客对此的认知与反应，对访谈资料进行质性分析，修正、完善理论模型。本研究通过田野观察和面向一线员工、管理者及顾客的深度访谈，共采集亲顾客偏离行为典型案例31例、访谈相关行业管理者24人、访谈顾客60人。

（3）问卷调查法。问卷调查主要面向实施过亲顾客偏离行为的员工，采集他们对领导风格、感知组织创新支持、工作自主性、创新自我效能的感知数据，实证检验服务型领导对员工亲顾客偏离行为的驱动作用和内在机制。

（4）实验研究法。实验研究是本研究开展定量分析的主要方法之一，用于检验亲顾客偏离行为对顾客道德情绪和顾客公民行为的影响及机制。以真实服务案例为背景制作实验刺激材料，以真实顾客为被试，通过严格的实验操控，采集顾客道德情绪反应和顾客公民行为数据，验证亲顾客偏离行为对顾客公民行为的主效应、行为认知和道德情绪的链式中介作用和顾客关系范式的调节作用。

（5）企业服务管理案例研究。广泛深入旅游业、零售业、咨询服务业、金融服务业等现代服务业，归纳企业在亲顾客偏离行为管理方面的经验和不足，同时在行业管理实践中对理论研究结果加以验证，考察模型普适性，提高研究的外部效度。

1.4 亲顾客偏离行为的研究特色和创新点

1.4.1 研究特色

（1）研究议题具备学科交叉的特点。本研究巧妙地将组织行为学、认知心理学和市场营销学相关理论有机结合，综合运用社会学习理论、资源保存理论、态度的 ABC 模型、道德情绪认知评价理论、动机分化理论、角色理论等阐释服务接触中员工的亲顾客偏离行为如何形成，以及如何影响顾客道德情绪、再惠顾意愿和顾客公民行为。议题跨学科交叉的科研理念既为本研究奠定了深厚的理论基础，又能为各学科提供新的研究发现，贡献部分理论创新。

（2）研究问题明确，实践价值明显。本研究的问题根植于服务接触中频繁发生的、让管理者陷入两难境地的为帮助顾客而违背企业规章制度的现象，通过全面考察服务接触中亲顾客偏离行为的形成机制，以及对顾客认知、情感和行为反映的影响及机制，致力于帮助管理者识别亲顾客偏离行为产生的原因，客观评估亲顾客偏离行为的实际绩效，并准确识别服务绩效产生的背后机理，由此实施针对性的干预策略。

（3）研究思路清晰完整，方法技术互为补充。本研究首先通过案头研究，追溯相关理论、构建研究框架；其次，通过田野研究和质性分析深入解读、挖掘现象背后的机制，修正、完善理论模型；再次，通过问卷调查，实验研究采集数据，借助 SPSS、AMOS 等工具进行数据分析，验证模型作用路径和具体机制；最后，回到行业实际，在管理实践中检验研究结论，并根据研究结论提出亲顾客偏离行为的管理策略。本研究总体遵循"现象解读—机制揭示—策略应用"的研究设计，研究思路清晰完整，多方法、多技术相互印证、互为补充。

1.4.2 研究创新点

（1）研究视角创新。迄今为止，关于亲顾客偏离行为形成机制和后效研究都比较匮乏。就形成机制而言，尽管组织行为学领域有相当数量的研究分析了亲顾客偏离行为的驱动因素，但该行为涉及违规，且与领导方式和管理者态度有重要联系，因此现有研究尚未从管理层的视角来审视领导风格与亲顾客偏离的关系，而本研究从服务型领导的层面开拓了亲顾客偏离形成机制的全新理论视角。就行为结果而言，现有研究都忽略了利他动机和偏离组织规范是其同时具有的双重道德属性，从而无法触及顾客对此的本质性认知和反应。从顾客对具有双重道德属性的亲顾客偏离行为的矛盾道德认知和复杂道德情绪出发，将亲顾客偏离行为导致的正面效应和负面效应纳入同一研究框架，全面阐释亲顾客偏离行为对顾客道德情绪和行为反应的影响，亦为亲顾客偏离行为结果研究提供了崭新的理论视角。

（2）理论的拓展与深化。第一，消费情景中特定道德情绪对顾客行为意向的单独影响得到了广泛关注和验证，但道德情绪属于复杂情绪范畴，彼此之间是否存在交互作用还有待探究。亲顾客偏离行为的利他动机会引发顾客感激等赞许他人的情绪，员工偏离组织规范则会引发顾客内疚（或羞愧）等自我意识情绪。内疚（或羞愧）与感激的情绪功能可能一致（强化效应），共同增强顾客后续行为意愿，也可能不一致（驱逐效应），共同削弱顾客后续行为意愿。基于复杂道德情绪的交互作用探讨亲顾客偏离行为对顾客再惠顾、顾客公民行为等特定行为的影响机制，是对认知心理学中情绪功能理论的拓展和深化。第二，将服务场景中的顾客区分为涉事顾客和观察顾客，基于角色理论讨论异质性顾客对亲顾客偏离行为的异质性反应，既是对亲顾客偏离行为"双刃剑"效应的深化，也拓展了角色理论的应用场景。

（3）现象的独特性与理论指导的必要性。亲顾客偏离行为的双重道德属性使管理者陷入两难境地：一方面，应对服务员工帮助顾客的善意动机和维护顾客利益的良好愿望予以保护；另一方面，服务组织赖以正常运转的规章制度不应遭到破坏。对此，管理者需要明确员工的亲顾客偏离行为能否得偿所愿带来正面的顾客反应，避免"善因"种"苦果"的尴尬局面。本研究剖析了亲顾客偏离行为在顾客层面的具体影响，并回答了这种影响产生的边界条件，有助于服务企业科学管理员工的亲顾客偏离行为。

2 亲顾客偏离行为的概念、特征与维度

2.1 亲顾客偏离行为的概念起源

2.1.1 工作场所的消极偏离行为

20世纪90年代，工作场所中员工偏离现象严重，如职业犯罪、工作场所攻击行为、散布谣言等，引起了学者的普遍关注，工作场所中的员工偏离行为逐渐成为组织行为研究领域的焦点之一。在该领域中，由于研究视角的差异，员工偏离行为的研究包括了消极偏离行为、积极偏离行为和亲社会违规行为等重要议题。

工作场所中的员工偏离行为研究源于组织中日渐增加的员工消极偏离现象，小到迟到、早退、怠工，大到偷窃、欺诈等职业犯罪。Robinson 和 Greenberg（1998）识别出迟到、旷工、蓄意破坏等8种工作场所员工偏离行为。随后，Bennett 和 Robinson（2000）进一步梳理文献，同时归纳总结组织实情，将员工偏离行为的概念表达拓展到12种形式。Vardi 和 Weitz（2004）以组织不当行为全面囊括了工作场所中的消极偏离行为，组织中的消极偏离行为存在19种术语、定义或者概念表达，包括组织攻击行为、员工不当行为、反生产型工作行为、组织报复行为、反社会行为等。尽管

上述关于员工消极偏离行为的表达诸多，但其内容和内涵十分接近，都以消极立场为出发点，指组织成员自发性从事违反组织规范、政策或制度的行为，该行为威胁到组织或组织成员的福利（Bennett et al., 2000）。消极偏离行为具备如下行为特征：①行为实施者是企业的在职员工；②行为对象是组织中的个人或组织；③行为性质是主观故意的；④判定标准以偏离组织规章制度为依据，这里的规章制度包括组织正式的政策、制度、程序或禁令等；⑤行为结果是消极有害的，有害程度有轻重之分。

由于工作场所中存在的消极偏离行为表现形式繁多，学者们都试图通过分类研究，将众多分散的现象归纳、提炼为具备某类特质的偏离行为，并探讨这类行为共同的前因与后果，以期为员工行为干预提供指导。消极偏离行为类型的早期研究基于行为偏离的内容这一单维视角，将员工的偏离行为分为生产性偏离和财产性偏离。生产性偏离指违反生产准则的行为，主要包括无故缺席、迟到等身体撤退行为（physical withdrawal），工作期间酗酒、滥用药物等心理撤退行为，以及怠工等组织运行破坏活动。财产型偏离指违规获取、使用或破坏组织资源的行为，如偷窃、滥用折扣权限等（Hollinger et al., 1983）。Hollinger 和 Clark 的研究结论源于对三位来自不同行业的员工的调查，具备一定的研究信度和效度，为员工偏离行为的后续研究奠定了基础。

Robinson 和 Bennett（1995）认为 Hollinger 和 Clark 的研究忽略了散布谣言、谩骂同事等偏离行为，故基于关键事件法开发出了由 45 个题项构成的员工偏离行为量表。随后采用多维尺度分析方法，发现可以根据偏离行为的轻微、严重程度和该行为是组织指向还是人际指向两个维度将员工偏离行为分为财产性偏离行为（严重的组织指向偏离）、生产性偏离性行为（轻微的组织指向偏离）、政治性偏离行为（轻微的人际指向偏离）和人身攻击性偏离行为（严重的人际指向偏离）四种类型。Bennett 和 Robinson（2004）对员工偏离行为的分类方法突破了单一维度的视角，得到了广泛的认可。

部分学者从偏离行为的动机、意图视角考察了工作场所中员工的消极偏离行为。Vardi 和 Weitz（2004）在组织不当行为相关研究中，认为员工从事相关行为的主导意图包括使自己受益、使组织形象受损和直接破坏组织财物，因而其产生的偏离行为相应地可分为自利性偏离、组织形象受损性偏离和破坏性偏离。Cullen 和 Sackett（2003）进一步分析了产生上述偏离行为的主观诱因，认为有些员工进行上述活动是出于"主动寻求关注、刺激或冒险"，而部分员工进行上述活动则是出于"对组织不满的蓄意报复"，故将工作场所中员工的消极偏离行为分为了主动性偏离（initiated）和反应性偏离（reactive），并提出对不同类型的偏离应采取不同的管理干预措施。

2.1.2 工作场所的积极偏离行为

随着积极组织行为研究的兴起，学者们意识到将工作场所中的员工偏离行为狭隘地视为系列消极行为，削弱了对组织成员工作场所的积极行为的关注，并且对员工偏离行为的价值判断也不应该简单地依据行为本身的违规或结果的利害，而应考虑这种偏离行为的高尚动机（Speitzer et al.，2004）。为此，员工偏离行为应有积极偏离和消极偏离之分。

为明确界定积极偏离行为，学者们比较分析了社会学研究对偏离行为界定的四种取向，认为统计学取向、过度遵守规范取向、反应取向都不适合用来定义积极偏离行为，故规范取向成为组织行为领域对积极偏离行为的认定标准（徐世勇、张玉清，2013）。组织行为研究领域比较认可两个关于积极偏离行为的系统定义，一是 Speitzer 和 Sonenshein（2004）提出的基于高尚动机而主观故意违背参照群体规范的行为。该观点强调偏离行为的"积极性"体现在高尚的动机上，而不关注结果是否积极，也就是说积极的动机未必产生积极的结果。Speitzer 和 Sonenshein 还强调，选择合适的评价者对积极偏离行为的界定有非常重要的影响，评价者至少应该是理解参考群体规范的主体。二是 Warren 等（2003）提出的积极偏离行为是偏离参照群体的规范或法律法规标准，但符合基于全球性的人类信仰、价值观和契约精神而建立的超规范（hypernorm）。该观点基于参照群体的规范和超规范两个维度，将工作场所的员工行为纳入一个系统框架，将工作场所中的员工行为分为既符合参照群体规范，又符合超规范的积极遵守行为；符合参照群体规范，但不符合超规范的消极遵守行为；符合超规范，但不符合参照群体规范的积极偏离行为；既不符合参照群体规范，也不符合超规范的消极偏离行为。

积极偏离行为的上述定义都强调了行为的主观故意性和对参照群体行为规范的违背，但确定行为积极性的标准存在差异。Speitzer 和 Sonenshein 以"高尚的行为动机"作为判断偏离行为积极性的标准，虽便于理解，但无法进行操作化定义，因为高尚的标准难以确定，并且动机是内隐的，对具体行为的动机存在测量困难。Warren 等的定义具有较强的操作性，但超规范的存在和表现形式是否统一？其提出的联合国或者国际劳工组织这类全球性组织所倡导的行为规范是否就是超规范？上述问题成为该观点的争议焦点。可见，作为组织行为研究和管理实践中极具价值的概念，积极偏离行为的构念还需要进一步探讨，以期为开发科学测量工具和开展实证研究奠定基础。

2.1.3 亲社会违规行为

Morrison（2006）受到积极偏离行为研究的启发，重新审视了工作场所中的员工偏离行为，借鉴了亲社会组织行为概念，首次提出了亲社会违规（pro-social rule breaking，PSRB），将其定义为"员工为了帮助组织或者组织的利益相关者（个人、同事或者顾客）而有意识地违背组织正式的规章、制度、政策、程序或者禁令的行为"。Morrison 通过两个探索性访谈研究和一个验证性研究总结出亲社会违规行为特征：①实施行为的主体是组织的正式员工，不包括已离职员工或组织中的其他利益相关者；②行为动机首先（或纯粹）是帮助组织或者组织的利益相关者，如下属、同事、顾客等；③行为判断标准是员工经过理性思考后的自愿违规行为，不包括偶发事件违规（或者因明确知道某项制度形同虚设而违规）；④违背的规则是指组织的正式规章、政策或禁令，而不是参照群体的规范。亲社会违规行为的界定融合了积极偏离行为主动性和动机高尚性特征,但违规标准的认定则继承了消极偏离行为的思想,强调违背组织尚未上升到法律法规层面的正式规章制度。

亲社会违规行为同时具备"亲社会"和"违规"的双重属性,但"违规"本身属于既定判断准则,因而其概念操作化以"亲社会"属性为出发点。Morrison 通过关键事件识别、访谈等方法,以行为指向为分类视角,将亲社会违规分为旨在提高工作效率的效率导向型违规(efficiency-focused)、旨在帮助同事的同事导向型违规(colleague-focused)和旨在帮助顾客而提升顾客体验的顾客导向型违规(customer-focused)三种类型。Dahling 等人(2012)通过访谈验证了上述三种亲社会违规行为的普遍性,并扩大样本开发了亲社会违规行为的一般性量表。该量表共包括 13 个题项,其中反映效率导向(efficiency aid)的题项有 5 个,反映同事导向(coworker aid)和顾客导向(customer aid)的题项各有 4 个。

2.1.4 服务场景中员工的亲顾客行为

Marinova 等(2010)对近半个世纪以来的组织行为研究成果进行了元分析,发现具有利他性质的员工行为一直是该领域的研究主流。随着组织内外部环境的快速变化,员工的利他行为表现形式和程度也发生了相应变化,由单纯的组织公民行为发展为旨在促进组织创新的变革行为。在服务组织背景下,员工的亲顾客(pro-customer)行为是最具代表性的利他行为,由关注顾客常规需求发展为对顾客动态变化的服务期望做出具有合理性、主动性、风险性和挑战性的反应,以推动卓有成效的服务革新(Bettencourt, 2004; Crant, 2009; Choi, 2007; Marinova et al., 2010)。服务研究中的亲顾客行为泛指由一线员工展现或实施的具有亲顾客动机和实际行动的一切行为,是顾客主导逻辑的深化(Leo, 2010)。

根据亲顾客程度和呈现方式,一线员工的亲顾客行为研究被分为亲和行为流派(affiliative-oriented behavior)和激进行为流派(change-oriented behavior)(Van Dyne et al., 2008; Kim et al., 2013; Marinova et al.,

2015)。亲和行为流派的相关研究强调服务组织一线员工的服务行为发生在组织规范和规章制度框架下，行为动机和结果对顾客的有利性；而激进行为流派则强调服务组织一线员工通过问题导向下的挑战行为，比如偏离组织规范甚至违反规章制度去实现顾客利益，具有高尚的行为动机，但行为结果不确定。服务场景中的亲顾客员工行为相关研究为探讨服务组织中的顾客导向违规奠定了理论基础。

亲和型亲顾客行为表现为顾客导向或顾客中心行为（customer-oriented or customer-focus service behaviour）（Saxe et al., 1982；Jaramillo et al., 2007）、顾客可信行为（customer trustworthy behavior）（Doney et al., 1997；Sirdeshmarkh et al., 2002）和顾客利益代言行为（customer advocacy behavior）（Urban, 2005；Lower et al., 2006）三种形式。表 2-1 总结了亲和型亲顾客行为的行为本质、行为动机以及行为结果。

表 2-1　亲和型亲顾客行为

亲和型亲顾客行为	代表作者	行为本质	行为动机	行为结果（积极/消极）
顾客导向或顾客中心行为	Saxe et al., 2006；Jaramillo et al., 2007	服务交互时高度关注顾客、提供低压力服务、帮助顾客解决问题	提升有效倾听和积极对话的服务能力	改善服务结果/产生服务成本
顾客可信行为	Doney et al., 1997；Sirdeshmarkh et al., 2002	相对于自身利益，优先考虑顾客利益的潜在动机	开诚布公的交流，强化对顾客的信任度	促进顾客合作/对顾客的认知客观性降低
顾客利益代言行为	Urban, 2005；Lower et al., 2006	为顾客提供完整、公开和真实的信息，忠实代表和维护顾客利益	源于组织层面的真实维护顾客利益的战略行为	增强顾客忠诚，促进长久互惠/损失短期销售

激进型亲顾客行为表现为服务组织中的顾客导向偏离行为（customer-oriented deviance）（leo, 2010）、吹口哨行为（whistle blowing）（Dworkin et al., 1998）和反角色行为（counter-role behavior）（Staw et al., 1990；Kelley et al., 1996）三种形式。表2-2总结了激进型亲顾客行为的行为本质、行为动机以及行为结果。

表2-2　激进型亲顾客行为

激进型亲顾客行为	代表作者	行为本质	行为动机	行为结果（积极/消极）
顾客导向偏离行为	Leo，2010	主动偏离组织描述性规范以维护顾客利益的角色外行为	促进服务创新、帮助组织规范切合人类价值观	高质量的顾客关系/组织规范的稳定性和权威性受到挑战
吹口哨行为	Dworkin et al.，1998	基于高尚动机（而非私利）对组织中违反法律和道德的行为进行曝光	在道德两难中追求社会公正和亲社会性	切实维护顾客利益/行为实施者面临风险
反角色行为	Staw et al.，1990；Kelley et al.，1996	违背管理期望而重新界定工作任务和角色	矫正不当服务流程和工作角色	服务创新与变革/角色模糊、角色冲突

综上，服务场景的情境性显现出服务研究中员工与顾客并重的趋向，服务的顾客主导逻辑、一线员工的跨边界工作地位激发了员工以顾客利益为导向的服务行为。员工的服务行为不再完全遵从于群体规范或规章制度，而是试图通过挑战组织规范或权威制度的方式推动服务创新，以期重塑顾客服务反应，为服务组织持续经营提供保障。服务场景下的顾客主导研究范式与亲顾客服务行为等领域的研究成果已经达成一定理论共识，显现出特定研究趋向，为亲顾客偏离行为概念的提出和后续研究提供了深厚的理论基础和可操作的研究方法。

2.2 亲顾客偏离行为的概念界定

亲顾客偏离行为也被称为顾客导向型违规行为（pro - social rule breaking focused on customer service behavior）、顾客导向偏离行为（customer-oriented deviance behavior）、贴心服务（service sweethearting）。尽管亲顾客偏离行为提出时间较短，但从概念起源相关研究可以看出，有关亲顾客偏离的研究可追溯至 20 世纪。在早期的组织学研究中，学者们常将工作场所中的偏离（deviance）行为与员工的消极动机（自利驱动、破坏性报复）相联系（Morrison, 2006），认为员工会出于一种自利、愤怒或是不认可组织目标的消极动机而故意违背组织正式规则，并产生对组织或组织成员或是双方造成威胁的行为，如盗窃、滥用职权、消极怠工等消极行为（Robinson et al., 1995；Bennett et al., 2000）。随着积极组织学（active organizational scholarship）的兴起，学者们意识到组织中的偏离行为并不完全基于消极、有害的行为动机，还存在基于高尚的动机而偏离参照群体规范的积极偏离行为，行为目标在于提升组织效率或增加利益相关者福利（Warren, 2003；Spreitzer et al., 2004）。除了动机的差异，积极偏离行为强调的偏离对象是参照群体规范，而非组织正式规章制度。

Morrison（2006）系统回顾工作场所中的偏离行为后，首次提出亲社会违规（pro-social rule breaking）这一概念，将其定义为员工出于帮助组织及其利益相关者的目的而有意识地违背组织正式规章制度的行为，并依据行为受益对象，将亲社会违规划分为效率导向型违规（efficacy-focused）、同事导向型违规（colleague - focused）、顾客导向型违规（customer - focused）三种类型。其中，顾客导向型违规是指员工以故意违背组织正式规章制度、程序、禁止条令的方式帮助顾客。然而，组织学研究中常将顾客导向型违规剥离出来不予讨论，认为并非所有员工都能直接与顾客接触，其岗位适用性不高（何立 等，2013；李锐 等，2015；Chen et al., 2019）。但是，服务营销学者注意到，此行为在服务组织中普遍存在，一线员工经常为帮助顾客而偏离组织既定的服务规程（Mclean et al.，2010），如未经授权给予顾客折扣，甚至提供免费服务（Saxe et al.，1982；Rosenbaum et al.，2012；Brady et al.，2012）。

违规（rule breaking）意为对规则的绝对破坏，表述过于刚性；偏离意为对规则的折弯执行（rule bending），故更加适用于具有弹性空间的服务场景。贴心服务（service sweethearting）的概念表述具有一定迷惑性，侧重展示了为顾客着想的行为属性，未能明确传达偏离组织规范的行为属性。故Leo 等（2012）用顾客导向偏离代替了顾客导向型违规，将其定义为"一线员工在服务接触中为帮助顾客或维护顾客利益而有意识偏离企业规章制度的行为"，并强调该行为"代表了顾客的最大利益，但对组织的作用并不确定"。Boukis 和 Achilleas（2016）梳理了服务营销领域中一线员工顾客意识的发展脉络，用亲顾客偏离（pro-customer deviance）推进了顾客导向型偏离的概念表达，指出"顾客导向"原本是区别于"销售导向"的营销概念（Saxe et al.，1982），"亲顾客"更能凸显一线员工发自肺腑地关切、帮助和维护顾客利益的首要动机（Pimpakorn et al.，2010；Fehrler et al.，2014）。并且，随着服务竞争的加剧和服务意识的增强，"亲顾客"意味着员工需要树立顾客可信的基本思想，能够充分理解并相信顾客在特定场景中的需求或困难（Winsted，2000），且愿意在更深层面切实履行"代表顾客最大利益的行动"（customer advocacy）（Urban，2005；Roy，2015）。

尽管学者们对亲顾客偏离行为的表述有所不同，但内涵阐释具有一致性。具体而言，亲顾客偏离行为是指服务组织中一线员工以帮助顾客、维护顾客利益、满足顾客个性化需求为首要动机，在服务交付过程中有意识偏离组织正式规章制度、服务规程、政策禁令等的角色外行为。

2.3 亲顾客偏离行为的特征

亲顾客偏离行为源于员工发自内心帮助顾客或维护顾客利益的良好动机（Spreitzer et al., 2004），但行为表征偏离了组织正式规章制度（Morrison, 2006），具有"亲顾客"和"偏离组织规范"的双重道德属性，是员工对应该帮助顾客和不应该偏离组织规则两个道德准则的理性判断和行为选择（Boukis et al., 2016）。换言之，亲顾客偏离行为是一线员工经过理性思考后的有意识违背规则的行为，不包括员工无意识违规，或者因明确知道某项制度形同虚设而实施的偏离行为。相较于服务组织中常见的亲组织非伦理、消极偏离、积极偏离等偏差行为，亲顾客偏离在行为动机、偏离准则、行为结果三方面具有明显特征（见表2-3）。首先是行为动机，亲顾客偏离行为强调亲顾客、非自利的积极意图，其首要（包括纯粹）动机是帮助顾客或维护顾客利益，员工或组织可能会从中受益，但其行为的主要驱动力是顾客需要或顾客利益；亲组织非伦理行为的动机在于维护组织利益；消极偏离行为表现出故意破坏组织及成员利益的消极意图；积极偏离行为则强调行为动机的高尚性。其次是行为的偏离准则，亲顾客偏离行为偏离的是组织正式的规章制度、政策、程序或禁令；亲组织非伦理行为偏离的是社会道德规范；积极偏离行为强调偏离组织内部参照群体规范；消极偏离行为则是明确违背组织正式的规章制度、政策、禁令等。最后是行为结果，亲顾客偏离行为的双重道德属性使其行为结果具有不确定性，对内部组织和外部顾客，既可能产生积极影响，也可能产生消极影响；亲组织非伦理行为将直接对顾客产生不良后果；以消极怠工、谋取私利为典型代表的消极偏离行为显然会对组织造成不利影响；类似地，高尚的行为动机并不一定带来积极的行为结果，积极偏离的行为结果亦具有不确定性。

表 2-3 服务组织常见偏差行为的概念辨析

偏差行为	代表作者	行为动机	偏离准则	行为结果	行为表现
亲顾客偏离行为	Morrison, 2006; Leo et al., 2012; Brady et al., 2012; Boukis et al., 2016	维护顾客利益	偏离组织正式的规章制度、政策、禁令等	不确定	向顾客提供未经授权的免费或折扣产品（服务）
亲组织非伦理行为	赵红丹 等, 2017; 曹州涛 等, 2019	维护组织利益	偏离社会道德规范	对顾客不利	向顾客隐瞒产品质量
积极偏离行为	Warren, 2003; Spreitzer et al., 2004	出于高尚的动机	偏离组织内部参照群体规范	不确定	为见义勇为而离开工作岗位
消极偏离行为	Bennett et al., 2003; Vardi et al., 2004	故意破坏组织及成员的利益	违背组织正式的规章制度、政策、禁令等	对组织不利	消极怠工、谋取私利

2.4 亲顾客偏离行为的维度结构与测量

厘清亲顾客偏离行为的维度结构和测量工具，有助于科学识别、评估服务组织中的亲顾客偏离行为。目前，亲顾客偏离行为测量研究还不够丰富，一定程度上限制了亲顾客偏离行为的实证研究成果。总结亲顾客偏离行为的测量工具发现，现有研究主要采用自我陈述式问项，基于单维结构和多维结构两类量表对亲顾客偏离行为进行测量。

2.4.1 单维结构的亲顾客偏离行为测量

Morrison（2006）对服务场景中的亲顾客偏离行为测量进行了开创性研究。他通过深度访谈，在旅游、金融、政府、医院等服务行业采集到不同形式的顾客导向型违规案例，然后将其抽象为一类测量情境："你就职于一家向中小型企业销售、租赁计算机系统的公司，就职时间为 3 年，作为一名顾客服务代表，你的主要职责是接受顾客的订单。你刚收到了重要顾客的加急订单，这意味着必须将订单推到销售计划前列，并在 24 小时内交货。依据企业规定，加急订单的赶工必须要经理同意，然而经理正在开会，难以及时批准。你现在正在考虑是否选择未经批准加急订单，加急订单对你而言并不存在任何个人利益，甚至还意味着违反制度并有可能因此陷入麻烦。但你知道，加急订单对这位顾客而言十分重要，这将是有益于顾客的。"与情境对应的测量题项包括："上述情景中，你有多大可能在没有经理的允许下违背规则去加急订单""你违背规则的可能性""在没有经理的允许下加急订单从而违反规则是否合适""在没有经理的允许下违规加急订单得到的舒适感如何""我认为在这种情境下违规是不正确的""违背规则会让我感到矛盾"。探索性因子分析结果表明该量表为单维结构，具有较好的信度（α 值为 0.87）。受制于特定情境，该量表在后续研究中并未得到普遍利用。

Dahling 等学者（2012）为扩展量表的普适性，去除了特定情景，通过观测服务组织一线员工实际实施的亲顾客偏离行为，而非询问员工从事亲顾客偏离行为的可能性来进行量表开发。选取 179 名服务人员，对工作场所中是否会发生他们观察到的亲顾客偏离行为进行判断，最终形成更具普适性的单维量表，包括 4 个题项（α 值为 0.93）："我违背了那些阻碍我为顾客提供良好服务的组织规定""我会忽视那些妨碍我工作的组织规定，为顾客提供良好服务""为了给顾客提供更好的服务，我违背了组织规定""我会违反组织规定，尽最大努力帮助顾客"。近年来，部分学者在探讨授权型领导（何燕珍 等，2016）和道德型领导（徐世勇 等，2017）对亲顾客偏离行为的影响时，采用了此量表来测量员工的亲顾客偏离行为，显示出了较高的信度。尽管该量表反映了亲顾客偏离行为的内涵，但仍具有一定的局限性：由于顾客的服务需求并不完全一致，员工实施的亲顾客偏离行为存在内容差异，单维量表难以呈现亲顾客偏离行为的多样化表现。

2.4.2　多维结构的亲顾客偏离行为测量

服务组织一线员工出于帮助顾客的善意，会实施各种形式的偏离行为，例如告知顾客有关产品的负面信息（Brief et al., 1986）、给予顾客额外的促销折扣（Brady et al., 2012）、修改服务章程进行服务补救（Bitner et al., 1990）等。单维量表忽略了亲顾客偏离行为复杂多样的表现形式，未能回答"员工到底通过哪些方式实施亲顾客偏离行为"这一关键性问题（Leo et al., 2014）。Leo 等（2012）在构建亲顾客偏离行为分类模型时，通过关键技术法采集到 35 个亲顾客偏离行为案例，分析发现服务组织一线员工的亲顾客偏离行为集中表现为三种形式：服务调整型偏离、服务沟通型偏离与资源占用型偏离。服务调整型偏离是指员工不顾服务规程的要求，擅自更改服务流程或标准来满足顾客的特殊需求，如优先为特定顾客提供服务、越权打折等（Brady et al., 2012）。服务调整型偏离取悦了涉事顾客，但也可能破坏其他顾客的感知公平（Nguyen et al., 2014）。服务沟通型偏离是指员工违背组织禁令向顾客透露企业或产品的不利信息。其可细分为企业层面的服务沟通偏离和产品层面的服务沟通偏离两种表现形式。其中，企业层面的服务沟通偏离是指员工违背组织禁令，主观故意向顾客透露有关企业的不利信息或不利于顾客利益的企业信息等。产品层面的服务沟通偏离是指员工开诚布公地告知顾客有关产品的所有信息，尤其是对顾客不利的产品信息，从而切实保障顾客知情权、维护顾客利益。总体而言，服务沟通型偏离有助于员工维系顾客关系，强化顾客承诺，但同时存在顾客转移的风险（Brief et al., 1986）。资源占用型偏离是指员工有意识地违反组织规定，通过额外占用组织人力资源（时间与精力）和物力资源给顾客提供超出服务范畴的产品和服务，如酒店员工私自允许顾客免费使用付费设施设备等（Brady et al., 2012）。资源占用型偏离容易给组织带来财务损失（Griffin et al., 2005）。

在类型学研究基础上，Leo 等（2014）根据量表开发程序，选取零售业与酒店业一线员工群体为样本，开发了亲顾客偏离行为的四维量表（见表 2-4）。结果表明，由服务调整型偏离、企业层面的服务沟通型偏离、产品层面的服务沟通型偏离、资源占用型偏离构成的四维测量模型的适配度最好，具有较高的区别效度与收敛效度。亲顾客偏离行为的四维量表由

13 个题项构成，其中服务调整型偏离的测量由"在给顾客提供服务时，我会对交易做利于顾客的非正式修改"等 3 个题项构成；企业层面的服务沟通型偏离的测量由"必要的时候，我会向顾客公开公司的不良做法"等 3 个题项构成；产品层面的服务沟通型偏离的测量由"即使导致顾客流失，我也会如实告知顾客有关产品信息"等 3 个题项构成；资源占用型偏离的测量由"我愿意花费额外的时间帮助顾客，即使这不是我分内的事情"等 4 个题项构成。该量表较好地反映了亲顾客偏离行为的内涵及具体实施方式，为深入探讨亲顾客偏离行为提供了契机。李天则（2018）借助此四维量表开展实验研究，对亲顾客偏离这一变量进行控制性检验，验证了多维量表的科学性。

表 2-4 亲顾客偏离行为的四维量表

维度	题数	题项
服务调整型偏离（DSA）	3	我会对服务协议做有利于顾客的非正式修改 我会偏离规程对我们所提供的产品进行有利于顾客的更改 我会背离公司准则提供更加有助于顾客的服务
公司层面的服务沟通型偏离（DSCC）	3	必要的时候，我会向顾客公开公司的不良做法 我会如实地向顾客提供关于公司的看法，即使对公司而言是负面的信息 我会向顾客暗示公司不恰当的运作方式
产品层面的服务沟通型偏离（DSCP）	3	即使导致顾客流失，我也会如实告知顾客有关产品信息 如果顾客做出对他/她不利的产品选择，我会坦诚告知 即使导致生意流失，我也会给顾客有关产品的最佳建议
资源占用型偏离（DUR）	4	我愿意花费额外的时间帮助顾客，即使这不是我分内的事情 我愿意花费额外的时间去帮助顾客，即使是公司认为毫不相干的事情 我会利用公司资源去解决公司认为毫不相干的顾客问题 我会利用公司的资源帮助顾客，即使公司认为这是一种资源浪费

3 亲顾客偏离行为的研究进展

3.1 亲顾客偏离行为的影响因素

服务组织中，并非所有员工都会产生亲顾客偏离行为（Morrison，2006；Leo et al.，2012），故针对"哪些因素会影响员工形成亲顾客偏离行为"这一问题，学者们从个体因素、岗位特征、领导风格、组织伦理氛围、顾客因素等不同视角和层次展开了探讨。

3.1.1 个体因素对亲顾客偏离行为的影响

人格特质是影响个体行为的首要因素。责任心、神经质、冒险倾向、内外控人格均能预测员工出现亲顾客偏离行为的可能性。责任心反映了个体公正、条理、尽职、自律、谨慎、克制等特点，在工作场所中表现为按组织规定履行工作职责，因此高责任心会对亲顾客偏离行为产生负向影响（Dahling et al.，2012；Leo et al.，2014）。神经质个体具有敏感、无助、谨小慎微等特征，在工作场所中常对新方式持怀疑态度，因此高神经质员工难以通过不同寻常的"偏离"方式去满足顾客的个性化需求，对亲顾客偏离行为产生负向影响（Vardaman et al.，2014）。冒险倾向反映个体偏好刺激、标新立异、孤注一掷的特征，在工作场所中，冒险倾向则会支配个体的冒险行为（Sitkin et al.，1992），具体表现为乐于接受挑战，为帮助顾客不顾一切，因此对亲顾客偏离行为产生正向影响（Morrison，2006；Leo et al.，2014）。内控型人格特质更容易将影响事情发生的因素归因为个体能力，相信积极结果源于自身的努力，在工作场所中常认为自己可以处理好顾客交代的每件事情，进而对亲顾客偏离行为产生正向影响；外控型人格则与之相反，更容易将影响事情发生的因素归因于外部客观环境，在工作场所中表现为做好本职工作，从客观实际出发，不轻易给予顾客规则之外的承诺，因此负向影响员工亲顾客偏离行为（Vardaman et al.，2014）。

此外，Vardaman 等（2014）指出，面对"是否应当为帮助顾客而偏离规则"这一道德决策时，个体的自尊、自我效能感也是重要影响因素：自尊反映了自信、自爱等个体特征，自尊越高的个体越认为自己可以应对偏离规则所造成的风险，故在工作场所中更容易出现风险行为；自我效能感则反映了个体自信、能干、胜券在握等特征，在工作场所中表现为高估事情成功的可能性，相信自己有能力完成，因此对亲顾客偏离行为产生正向影响。

3.1.2　岗位特征对亲顾客偏离行为的影响

工作自主性和工作可观测性是显著影响亲顾客偏离行为的两大岗位特征。工作自主性给予员工自行选择工作方法和设计工作流程的机会（Wang et al.，2010），从而赋予了员工通过灵活运用组织内外部资源，改变服务流程等方式满足顾客个性化需求的可能。工作自主性越高，员工产生亲顾客偏离行为的可能性就越大（Leo et al.，2014）。

工作可观测性给予了员工观测同事行为和行为结果的机会。当员工面临是否应该偏离组织规章去帮助顾客的伦理决策时，极易以同事行为作为参照体（Vardaman et al.，2014）。如果观察到同事实施过类似的风险行为，尤其是这些行为并未带来罚款、降薪等不利影响时，则会促使员工效仿同事实施亲顾客偏离行为（Morrison，2006；Dahling et al.，2012）。

3.1.3　领导风格对亲顾客偏离行为的影响

在工作场所中，领导者是员工重要的社会信息源，员工会将注意力集中在领导者身上，从领导者那里寻找线索（Boekhorst et al., 2015）。因而，领导者的领导风格及行为因素将对那些主要目的是使组织受益又含有一定风险的特定行为产生较大影响（Detert et al., 2007）。在高度开放、愿意倾听意见的包容性领导者的带领下，员工对亲顾客偏离行为后果的风险顾虑更小，甚至会倾向于偏离墨守成规的组织规则（Carmeli et al., 2010）。同样，授权型领导赋予了员工较多自主决策机会，信任并鼓励员工独立思考，是员工可以依据当前情境尝试新方法、新思路的客观保障（Zhang et al., 2010; Li et al., 2015），使员工产生亲顾客偏离行为成为可能。此外，其他领导风格也引起了学者的重视。例如，道德型领导的道德成熟度高（Brown et al., 2006），关注顾客福祉（Treviño et al., 2003），依据社会信息加工理论，员工将参照领导行为，认为利他行为是可接受的，因此，员工更有可能偏离刻板的组织规则，以通权达变的方式，灵活应对顾客需求（徐世勇等，2017; Zhu et al., 2018）；服务型领导的典型特征是利他性与服务他人，关注员工职业发展，给予员工较大的工作自主权，此时员工对领导者的信任度高，愿意面对创新行为引致的风险与不确定性（Jaiswal et al., 2017），从而有助于激发自身的亲顾客偏离行为。

此外，领导者还是员工的行为参照对象，员工极有可能效仿其行为。领导者的亲顾客偏离行为一方面会激发积极的员工行为，另一方面又会产生降低员工信任、诱发工作偏离等负面影响（Bryant et al., 2010; 刘效广等，2018）。但现有研究缺乏领导风格和行为对员工亲顾客偏离的实证检验，因此未来可聚焦于此，探讨领导者的亲顾客偏离行为对员工亲顾客偏离行为的影响。

3.1.4 组织伦理氛围对亲顾客偏离行为的影响

Vardaman 等（2014）探讨了组织伦理氛围对亲顾客偏离行为的影响。具体而言，工具型伦理氛围（instrumental climate）强调组织利益最大化（Parboteeah et al., 2008），在此氛围中的员工更多考虑的是亲顾客偏离行为可能带来长久的组织利益，因而更可能实施亲顾客偏离行为；关爱型伦理氛围（caring climate）强调关注组织成员及利益相关者的福利（Fu et al.，2014），员工受此影响会倾向于关注顾客需求，维护顾客利益，从而违反组织的既定规则；规则型伦理氛围（rule climate）重视规章制度的权威性，要求组织成员严格遵守规章制度，即使是出于好意而违反规则也不被允许（Aquino et al.，2010），因而规则型伦理氛围会抑制亲顾客偏离行为；独立型伦理氛围（independence climate）鼓励员工坚守自身的道德标准，员工在组织中的伦理决策取决于自身道德标准与组织规则的一致性（Wang et al.，2013），当自身道德观念与组织规则一致时，员工会遵从组织规则，当自身道德观念与组织规则不一致时，员工会选择实施与自身道德观念相同的亲顾客偏离行为；法律规范型伦理氛围（law and code climate）强调外部法律规范的制约（Wang et al.，2013），较少关注组织内部的规则，当外部规则与内部规则一致时，亲顾客偏离行为将受到抑制，当外部规则与内部规则不一致时，只要不违背法律规范，员工倾向忽视组织内部规则，实施亲顾客偏离行为。

组织伦理氛围不仅能直接驱动个体实施亲顾客偏离行为，还可以被视作个体因素与亲顾客偏离行为之间的调节变量（Vardaman et al.，2014）。工具型伦理氛围、关爱型伦理氛围会强化个体冒险倾向、内控型人格、自尊、自我效能感对亲顾客偏离行为的正向影响，削弱个体责任心、神经质、外控型人格对亲顾客偏离行为的负向影响；规则型伦理氛围对个体因素与亲顾客偏离行为之间的调节作用与工具型伦理氛围、关爱型伦理氛围恰好相反。对独立型伦理氛围而言，当个体自身道德观念与组织规则一致（不一致）时，将抑制（增强）个体冒险倾向、内控型人格、自尊、自我效能感与亲顾客偏离行为之间的积极联系，增强（抑制）个体责任心、神经质、外控型人格与亲顾客偏离行为之间的消极联系（Wang et al.，2013）。对法律规范型伦理氛围而言，当外部规则与内部规则一致（不一致）时，将抑制（增强）个体冒险倾向、内控型人格、自尊、自我效能感与亲顾客偏离行为之间的积极联系，增强（抑制）个体责任心、神经质、外控型人格与亲顾客偏离行为之间的消极联系。

3.1.5 顾客因素对亲顾客偏离行为的影响

服务组织一线员工处于组织边界位置（Mechinda et al.，2011），连接组织内部与外部顾客。因此，亲顾客偏离行为不仅受到员工个体、岗位特征、领导风格与领导行为、组织氛围等组织内部因素的影响，还会受到外部顾客的影响。Leo 等（2012）通过访谈得出亲顾客偏离行为会受到涉事顾客的影响：一是顾客社会资本，员工根据其与顾客间的关系质量判断是否要帮助顾客，与顾客共同积累的社会资本会增加员工实施亲顾客偏离行为的可能性；二是员工提供支持的程度取决于顾客需求的合理性，员工感知顾客请求的合法性越高，就越有可能实施亲顾客偏离行为。

3.2 亲顾客偏离行为的作用结果

目前，有关亲顾客偏离行为结果的实证研究极为少见，其结论主要围绕亲社会违规和亲顾客偏离行为的深度访谈和量表开发展开，少量文献基于理论推演和模型构建，从组织运作、员工心理感知和工作绩效两个层面探讨亲顾客偏离行为的积极影响和消极影响。

3.2.1 亲顾客偏离行为对组织运作的影响

Morrison（2006）通过深度访谈发现，亲顾客偏离行为有助于提升服务运转效率。依据受访者的自我陈述，亲顾客偏离行为能够快速响应顾客需求，节省组织内部沟通时间、提高服务交付效率。此外，亲顾客偏离行为还可以促进服务创新。员工通过主动修正服务规程，以灵活多变的方式提供服务，避免受困于僵化的组织规则（Staw et al.，1980），推动服务创新的提出与实施，帮助组织依靠创新型服务产品在多变的商业环境中获得竞争优势（Bowonder et al.，2010）。

亲顾客偏离行为对组织运作的消极影响也不容小觑。一方面，服务组织通常借助一系列明确、稳定的规章制度、操作流程来控制组织活动（Hsieh et al.，2001），而亲顾客偏离行为会释放企业制度随意性的信号，使组织规范的稳定性和权威性均受到挑战（Bryant et al.，2010；刘效广 等，2018）。亲顾客偏离行为甚至可能成为员工实施消极偏离行为的托辞，破坏组织的正常运作（Dahling et al.，2012）。另一方面，亲顾客偏离行为会导致额外占用组织资源、增加服务成本（Wilder et al.，2014；Beatty et al.，2016）等问题，如一线员工向顾客提供未经授权的免费或折扣商品（服务）（Brady et al.，2012），长此以往将损害组织财务利益（Kluemper et al.，2015）。

3.2.2 亲顾客偏离行为对员工心理感知和工作绩效的影响

亲顾客偏离行为对员工层面的积极影响包括员工本人实施亲顾客偏离行为后，以及员工观察到管理者实施亲顾客偏离行为后，其心理感知和工作绩效的变化。亲顾客偏离作为一种典型的利他行为（Morrison，2006），员工能从中获得成就感与满足感，激发其在工作场所中的积极情绪（Grant et al.，2010；Glomb et al.，2011）。此外，亲顾客偏离行为旨在维护顾客利益，有助于建立和维持良好的顾客关系，提高顾客满意度和忠诚度，进而提升员工的工作绩效（Dahling et al.，2012）。

管理者的亲顾客偏离行为也会对员工心理感知与工作绩效产生积极影响（刘效广 等，2018）。管理者的亲顾客偏离行为能让员工感受到组织的亲顾客意图及善意，员工会因认可管理者"徇情""帮扶弱者"的亲社会动机而强化领导成员关系，并更加拥戴管理者，促进自己实施更多的组织公民行为（刘效广 等，2018），进而提升其工作绩效。

亦有研究证实，员工自身行为及管理者的亲顾客偏离行为也会对员工心理感知和工作绩效产生消极影响。组织的规章制度与禁止条令作为组织内部控制机制（Chiang et al.，2014），是相关员工绩效考核、奖励评估与职位晋升的参照依据（Rotundo et al.，2002）。当员工实施亲顾客偏离行为时，利益相关者的关注点可能在于员工偏离规则的既定事实，难以顾及偏离行为背后的动机，因而对此持消极态度并做出负面的绩效评价（Dahling et al.，2012）。

另外，Bryant 等（2010）指出，由于员工也难以辨别管理者违规背后的意图，在有限理性情况下，管理者的亲顾客偏离行为同样对员工心理感知和工作绩效产生消极影响。这种消极影响首先体现在员工认为管理者的亲顾客偏离行为破坏了组织规则和制度公平，从而导致员工的组织公平感降低。尤其是当员工将管理者的偏离行为归因于管理者自身因素，而非迫于服务情境的需要时，员工感知心理契约违背，从而降低了组织支持感和工作满意度，抑制了创新行为。

结合亲顾客偏离行为的影响因素及其对组织内部的"双刃剑"效应，本研究构建了亲顾客偏离行为研究整合模型（见图 3-1）。

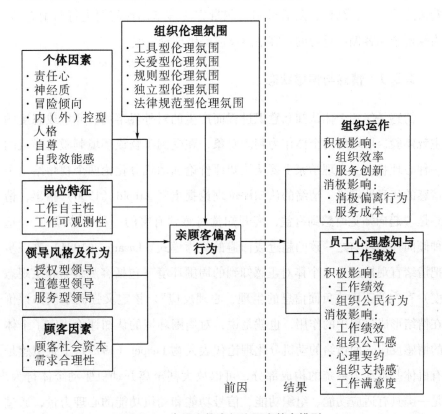

图 3-1　亲顾客偏离行为研究整合模型

3.3 消费情感的性质、结构、激活机制与测量方法

情感（affect）在个体的认知加工过程中发挥了组织、信号等功能，成为驱动个体行为决策的重要因素，心理学理论研究学者和心理学应用研究学者都对其进行了长期而深入的研究。目前，情感理论日趋完善，研究方法多样科学，营销学者对消费者行为中顾客情感反应的兴趣日益浓厚，对消费情感与服务质量评价、消费情感与顾客忠诚等热点问题开展了深入研究，亦取得了丰富的研究成果。本节将全面梳理消费情感相关知识，对消费情感的性质、结构、激活机制与测量方法等基础性问题进行归纳总结，为探析亲顾客偏离行为的顾客情感反应提供理论借鉴。

3.3.1 情感与情感状态

情感是伴随个体认知和意识过程而产生的对外界事物、环境或态度的主观体验，可理解为个体作为刺激对象，在受到事物或环境刺激后形成的一种心理状态。心理学家主要从认知评价论和动机分化论两个视角给出了情感的代表性定义。情绪的认知评价理论提出者 Arnold（1960）指出，情感是"趋向知觉时感到有益，离开知觉时感到有害的一种体验倾向"，这种倾向伴随着与之一致的趋近或回避的行为模式。Lazarus（1984）进一步把情绪直观描述为"个体对正感知到的周围环境（包括客观事物和主观态度）存在的正面或负面信息的生理、心理反应"。该定义强调了认知评价在情绪形成过程中的作用，也就是说，对周围环境的认知评价决定了个体的情感反应。而情绪的动机分化理论代表人物 Leeper（1973）主张情感是有机体基本动力系统的构成部分，可以放大甚至离开动机驱动个体行为，是一类具有适应功能、组织功能、信号功能和动机功能的心理力量，通过帮助个体适应环境、调节认知加工过程、传递心理信息等方式，指导和激发个体的行为决策。尽管上述定义的侧重点不同，但都展现了情感作为心

理状态所包含的主观体验（subjective experience）、生理唤醒（physical arousal）和情感表现（emotion expression）三种基本成分（Izard，1978）。

情感的主观体验是指个体受到环境刺激后产生的心理感受，如愉悦、悲伤等。这类心理感受能够被自我察觉并报告，因而实验心理学研究者可以通过自我报告方法来判断被试的情感反应。

情感的生理唤醒是指伴随个体心理感受的生理反应，主要涉及人体神经系统、循环系统以及内分泌系统的生理变化。比如伴随个体满意的生理唤醒表现是心率平稳正常，而个体处于惊喜或惊恐时则伴随心律不齐、血压升高等症状。因此神经心理学家通常通过精密仪器监测丘脑、前额皮层等神经中枢的生理变化来判断被试的情感反应。

情感表现是指个体在情感状态产生时的行为展现，包括面部表情、语言声调、肢体动作等。不同的展现模式能精细地刻画出不同的情感状态，比如个体高兴时可能嘴角上扬，语调高昂，肢体舒展。因而部分实验研究通过观察肢体表现来获得被试的情感反应。需要注意的是，越来越多的学者认为通过外显肢体观察来判断情感难度较大，结果的准确性也有待商榷，因为被试，尤其是成人被试可能有意识地监察控制自己的情感状态，从而掩藏真实的情感反应，所谓"喜怒不形于色"正是如此。

Luce，Bettman 和 Payne（1997）在讨论情感对行为决策的影响时发现，情感可分为与决策任务无关的心境（Ambition Mood）和与决策任务直接相关的情绪（Task-Related Emotion）两种状态，二者对行为决策的作用有显著区别。

与决策任务无关的心境是生活中相对稳定的情感状态，与任务本身或完成任务过程没有直接关系，部分研究也将其称为附带或伴随情感（Lemer et al.，2007）。心境是一种强度较低，但持续时间较长的稳定情感，在接受任务之前就已经存在，与决策任务没有直接关系，但会对决策认知产生弥漫性影响（Stone et al.，1997），比如高兴状态下的评价更乐观，反之则更悲观。而与决策任务直接相关的情绪对行为决策的作用更为直接和深刻，获得了行为研究者更多的关注（Coombs et al.，2007；Pham et al.，

2000），因而部分行为研究中将情绪（emotion）与情感（affect）视为两个通用概念。中国的大部分心理学教科书以及《心理学大辞典》认为情绪和情感都是"有机体对客观事物、环境与主体需求关系的主观体验"，没有对其进行明确的概念区分，只是认为情绪更倾向于对个体自然性需求关系的主观体验，而情感则更倾向于社会性需求关系的主观体验，因而消费行为研究中多用"顾客情感"或"消费情感"这一术语。

3.3.2 消费情感的性质与结构

消费情感指消费者在产品（服务）使用过程中或消费经历中，对产品（服务）认知所产生的情感反应（Russell，190；Westbrook et al.，1991；晏国强，2008）。消费情感是典型的与消费体验和决策任务相关的情感体验。与个体从事其他类型的决策任务产生的情感相比，消费情感产生于消费过程或经历，与消费情境有直接相关性，消费情境会赋予产品或服务不同的认知和意义，因而消费情感的结构可能更加复杂（Claeys et al.，1995；Larsen et al.，2011）。

根据情感的时间结构，消费情感有预期情感和体验情感之分。情感的时间结构是指情感相对于消费行为的先后顺序。预期情感通常指消费者预期实施（或者不实施）某种消费决策时产生的情感反应（Rivis et al.，2009），如预期后悔、预期愧疚等。预期情感在绿色环保消费（Elgaaied，2012；Kim et al.，2013）、冲动性购买（银成钺 等，2009）等研究领域得到了广泛关注。体验情感则是在对产品或服务消费经历实际感知后产生的情感反应（杨春江 等，2014；王建明 等，2015），消费行为研究中所关注的情感反应大部分属于体验情感。

根据情感的体验结构，消费情感有正负效价单维结构和正负效价与唤醒程度双维结构之分。部分学者主张情感二分法，将情感分为积极情感和消极情感两种基本类型（Watson et al.，1988；Dubé et al.，2000；Phillips et al.，2002）。一般而言，积极情感包括高兴、满意、愉悦、舒适、自在、浪漫等描述；而消极情感包括生气、愤怒、愤懑、烦恼、内疚、丢脸、悲伤等描述。部分学者认为，在积极情感和消极情感中间还存在中性状态，这种中性状态与情感的唤醒程度相关，因而情感的体验结构被拓展为由正负效价与唤醒程度构成的双维结构。Russell（1980）提出的环形情感模型是情感双维结构的典型代表，他认为消费情感都位于由水平方向的"愉快—不愉快"效价维度和垂直方向的"激动—平静"唤醒维度构成的环形情感带中。其中，高唤醒的正面情感包括兴奋、愉悦、惊喜等描述。低唤醒的正面情感包括满意、满足、放松等描述；高唤醒的负面情感包括愤怒、生气、恐惧等描述；低唤醒的负面情感包括不满、不悦、郁闷、内疚、沮丧等描述（Heponiemi et al.，2005；Pete et al.，2013）。环形情感模型在消费行为领域得到了广泛验证，因此得到了众多学者的认同和采用。

根据情感的呈现形态，情感反应有特定情感和混合情感之分。特定情感是指消费行为研究中使用单一的情感描述或一组相似的情感描述所表征的情感，如愉快时就不可能伤心，反之亦然。混合情感是指消费经历诱发的由多种特定情感共同构成的情感反应，如"痛并快乐着"的情感体验（王建明 等，2015；潘发达 等，2011）。特定情感与混合情感的构成关键在于正负情感效价能否分离（Larsen et al.，2001），特定情感主张者认为正负情感是同一纬度的两极，体验到愉快的消费者不可能同时体验到伤心（Schimmack et al.，2007；Yik et al.，2003）。然而，混合情感主张者观察到人的正负情感体验并非完全对立，积极情感和消极情感完全可能在同一时间表征在同一空间中（Larsen et al.，2001；Schimmack et al.，2007）。现实生活中，忧喜参半的消费体验也时常发生，因而越来越多的学者认为混合情感比特定情感更具研究价值，是消费情感研究的趋势（晏国祥，2008；潘发达 等，2011）。

3.3.3　消费情感的激活机制与测量方法

由于情感是个体对环境刺激的心理或生理反应，具有情境性和时效性等特点，大部分针对情感反应的研究都采用实验室操控方法进行情感激活。White（2006）将实验室激活情感方式总结为主动式激活和被动式激活。

主动式激活是指通过引导被试在面部表情、语音声调或肢体动作等方面做出相应表征，从而让被试在这个过程中自发产生某种情感体验。比如，让被试由默读转化为大声阅读具有感情色彩的文字材料。这种情感激活的方式便于研究者直接观察被试有关情感反应的外部特征，亦可采用监测生理变化的科学仪器来判断被试的情感反应，但这种方式与消费情境的直接联系较弱，研究过程非常耗时，不利于瞬时评估消费情感（Sinclair et al.，1994）。

被动式激活是指通过与任务关系密切的情境材料，刺激被试产生相应的情感反应。其操控手段包括让被试回忆和想象处于某段有感情色彩的经历（Luomala et al.，2000）；或者是让被试阅读有故事情节的文字描述、图片资料等（Radin et al.，2005，Sato et al.，2006）；或者让被试观看与研究主题直接相关的视频材料（Smith，2008；杜建刚 等，2009；唐小飞 等，2011）。消费情感的相关研究主要围绕探寻情感诱发、情感反应以及情感与消费决策之间的关系，模拟情境实验可以精确控制特定消费情境，诱导被试及时做出并报告情感反应，并且可以通过重复实验反复验证研究结论，提高实验结果的精确度，因而被广泛运用于购买情境、服务交互情境中的情感反应研究。

消费情感被激活的表征是能够观察和测量，消费情感的常见测量方式有离散测量和结构测量两种方式（Oh，2005）。离散测量将情感空间划分为不同的离散范围，每个范围代表一种特定的情感类别，不同的情感类别可以同时存在，度量方式用这类情感的强弱表示。结构测量是用连续变化的趋势来代表某类情感，如用"愉悦—不愉悦"的双极连续体来表示某种情感状态（Russell，1983）。现有实证研究常用的消费情感测量工具主要有 Rusell（1980）提出的 PA 情感模型、Watson 等（1988）开发的 PANAS 情感量表和 Izard（1997）提出的 DES II 情感量表。PA 情感模型认为情感状态由"愉悦—不愉悦"的效价维度和"激动—平静"的唤醒程度的连续变化情况共同构成，每个维度包括 4 个测量题项。但 PA 情感模型提倡的由两个对立形容词构成的双极尺度测量方式在消费情感的运用研究中存在一定局限。一是双极尺度测量无法显示正向情感和负向情感同时存在的状态；二是某些具体的情感状态不能被明确地判断出来，因而在捕捉顾客情感方面不够稳定（Babin et al.，1998）。

PANAS 量表继承了单极测量思想，由 10 种积极情感（PA）和 10 种消极情感（NA）共同构成，要求被试报告体验到的某种情感强弱程度。PANAS 量表用离散框架代替了连续框架的测量方式，允许特定消费情境中正负效价情感体验同时存在，更加贴合消费行为的实际情况，成为消费情感研究者运用最广泛的测量工具之一。

DES Ⅱ 情感量表是 Izard（1978）开发的 DESI 量表的缩减版，主要用于消费情感测量，包括兴趣、享受、惊喜、苦恼、愤怒、厌恶、蔑视、恐惧、羞耻、内疚 10 种情感反应，每种情感反应包括 3 个描述词汇，通常由被试报告在多大程度上体验到上述情感进行测量。DES Ⅱ 量表涉及的消费情感种类较少，并不能完全囊括消费情境中更为复杂以及更为具体的情感体验，但 DES Ⅱ 量表开启了消费情感的单极测量方式，被众多学者借鉴。

如前所述，研究者对情感反应的判断可依赖外显行为观察、被试自我报告以及借助科学仪器监测神经系统。即被试根据量表内容自述体验。消费行为相关研究证实，自我报告和神经系统监测的研究稳定性要高于外显行为观察（Mattila et al.，2002）。脑成像等神经系统检测手段能够克服认知偏见，但依赖于专业的实验设备和监测技能，研究空间被严格限定在科学实验室，在模拟还原多样性消费情境方面还存在局限。自我报告能直观、准确地揭示被试的心理活动，部分研究采用过多种实验手段观测被试的情感反应，发现自我报告的情感反应与神经系统监测等其他手段获得的情感反应结果高度一致（Diener et al.，1995），并且自我报告不需要特殊技能支持，适用情境广泛而灵活，因此自我报告成为消费情感研究采用的主流方法。

本研究主体内容之一旨在探寻亲顾客偏离行为激发的顾客情感及行为反应，需要观测被试在亲顾客偏离行为情境下的情感体验及后续行为决策。因此，本研究将采用情境实验操控激活被试情感反应，借助情感量表，请被试自我陈述情感体验及行为反应。

3.4 研究述评

亲顾客偏离行为作为服务营销和组织行为研究的新兴主题，得到了学者们越来越多的关注，相关研究加深了研究者与管理者对员工亲顾客偏离行为的理解，但仍存在一定局限。

首先，尽管亲顾客偏离行为的影响因素研究成果相对丰富，但对于亲顾客偏离行为的形成机制，即"如何"影响的研究还不够突出，有待进一步探索。并且，从管理实践上来看，岗位特征、个人因素、组织伦理氛围、领导风格、顾客因素等共同决定了员工是否做出亲顾客偏离行为。当员工选择是否偏离规则满足顾客需求时，不仅会依据领导者的管理风格、言行举止来判断当前情境是否应当实施亲顾客偏离行为，还会根据自己在岗位上客观实际拥有的资源或自由裁量权对能否满足顾客需求进行评估。同时，亲顾客偏离行为作为一种自发性的非常规员工行为，它的展现离不开员工个人特质的驱动。另外，组织内的氛围线索既可能为员工亲顾客偏离行为提供机会，也可能对其进行约束。因此，在讨论亲顾客偏离行为的形成机制时，有必要更加全面地考虑组织环境、领导风格、员工特质等因素，关注各影响因素之间的交互作用，厘清亲顾客偏离行为的跨层次、多路径形成机制。

其次，现有研究多从组织管理的视角讨论亲顾客偏离行为给组织带来的收益与风险，从顾客的视角对亲顾客偏离行为的双向结果及边界条件进行审视的研究仍然较少（李朋波 等，2020）。根据服务组织"员工—顾客—利润"的盈利逻辑，顾客是服务组织重要的利润来源（Gounaris et al.,

2013)，对亲顾客偏离行为的认知与响应至关重要。尽管有少数学者认为亲顾客偏离行为是员工对顾客偏离常规的服务期望做出的主动性、风险性和挑战性响应，超出了顾客的服务预期，触发了顾客的积极情感（Boukis，2016），从而能够提升顾客的满意度、忠诚度及正面口碑（Brady et al.，2012；Gong et al.，2020），但亲顾客偏离行为的违反组织正式规章制度的既定事实，极有可能引发顾客的消极反应，正如"甲之蜜糖，乙之砒霜"。尤其是，有关亲顾客偏离行为正向结果的相关研究均是探讨涉事顾客的反应，而员工在为涉事顾客提供偏离服务时很有可能对同一服务场景下的其他顾客的利益造成伤害（Morrison，2006）。然而，鲜有学者讨论亲顾客偏离行为对同一服务场景中观察顾客的影响及情感机制。

最后，亲顾客偏离行为是员工满足顾客个性化需求的结果，具有利他动机和偏离组织规范的双重道德属性（Boukis，2016；Morrison，2006；Vardaman et al.，2014）。从消费情感的研究视角，基于亲顾客偏离行为的双重道德属性，解析顾客对此的复杂道德体验，剖析涉事顾客和观察顾客的不同道德认知评价，以及对亲顾客偏离行为道德情感反应，能为亲顾客偏离行为的后效机制提供新的理论解释。

4 亲顾客偏离行为的跨层次、多路径形成机制研究：服务型领导的视角

4.1 问题的提出

组织行为学者已经将亲顾客偏离视为亲社会违规（Pro‑social rule breaking）的一个维度，探讨了员工个体特征，如移情性、冒险性、自我效能感（Leo et al., 2014；Longmire et al., 2018）、岗位特征（Morrison, 2006；Dahling et al., 2012；Leo et al., 2014）和组织氛围（Vardaman et al., 2014；Chen et al., 2018）等因素对亲社会违规的影响。但是从管理实践上来看，管理者是组织规则的制定者与监督者，是员工学习模仿的主要信息源，其领导风格是影响下属认知和行为的重要前因变量（Huertas‑Valdivia et al., 2019；Carmeli et al., 2013）。尽管组织行为领域部分研究已经关注到领导风格与工作场所偏离行为之间的关系，但相关结论具有争议性。如 Evans 等（2021）指出道德型领导会公开反对组织中不恰当的行为，也会对组织中的错误惯例提出挑战；而 Xu 和 Zhu（2017）的研究则表明道德型领导正向影响员工的亲社会偏离行为。服务型领导能够抑制员工低水平的偏离行为（lower levels of employee deviance）（Sendjaya et al., 2019），

但对员工的亲顾客行为有显著的正向影响（Ozturk et al.，2021）。亲顾客偏离同时具备亲顾客和偏离组织规范双重属性，领导风格对其产生怎样的影响尚不清楚。

服务型领导被广泛视为卓越服务的关键驱动力，很多知名服务企业，如万豪、星巴克，将组织成功归因于服务型领导（Li et al.，2021）。员工实施亲顾客偏离行为的首要动机是增加顾客福祉，给顾客创造难以忘怀的体验（Leo et al.，2014；Zhang et al.，2020），但当员工实际上选择偏离组织规则去满足甚至超越顾客期望时，一定程度上可视为越轨创新（Jung et al.，2019；Leo et al.，2014；Boukis，2016），这需要员工拥有强大的心理资源去创造性地解决工作难题（Ozturk et al.，2021）。服务型领导"服务他人"的特质和行为准则不仅能够激励员工模仿服务型领导去关注顾客需求，提高顾客导向意识（Li et al.，2021），还能够让员工感知到来自组织层面的支持，获得一定的工作自主权，从而使他们突破某些工作局限（Eva et al.，2019），通过偏离（deviant）甚至违背（break）服务规程（regular form of service）、禁令，去帮助顾客解决一些突发的、复杂的要求或问题，而不是严格遵守组织的一贯规则（rule and routines）（Li et al.，2021）。因此，服务型领导很可能是一线员工实施亲顾客偏离行为的重要决策依据。

已有研究将工作投入（Kaya et al.，2020；Ozturk et al.，2021）、顾客导向（Li et al.，2021）、心理契约实现（Panaccio et al.，2015）等变量作为中介机制，检验服务型领导对员工角色外行为的积极影响。目前，鲜有研究讨论服务型领导对工作场所偏离行为的消极影响（Emilisa et al.，2021；Ozturk et al.，2021）。原因在于现有文献普遍关注员工行为的正面或负面特点，忽略了亲顾客偏离行为的双重属性。因此，服务型领导对亲顾客偏离行为的心理影响机制应该有别于对员工一般偏离行为或角色外行为的影响机制。

从社会学习理论视角来看，服务型领导的典型特征，如服务于他人、赋权，通过一对一的方式帮助他人（Eva et al.，2019）等，能够塑造员工对亲顾客偏离行为的积极认知，激发员工模仿服务型领导，对顾客需求给予以充分关注，提升自身的顾客意识（Li et al.，2021）。从资源保存理论的视角来看，当员工需要强大的心理资源去对抗组织规则、满足顾客的特殊需求时，服务型领导能够赋予员工重要的工作资源，如让员工感知到组织支持、给予员工工作自主性和创新自我效能，从而突破众多工作限制，创造性解决工作问题（Peng et al.，2022）。

本研究引入社会学习理论和资源保存理论，提出服务型领导对一线员工亲顾客偏离行为的跨层次影响模型，以理解服务型领导、员工的组织创新支持感、工作自主性、创新自我效能和亲顾客偏离行为之间的内在关系。具体的研究目的在于：①检验服务型领导是否能够激发员工的亲顾客偏离行为；②检验服务型领导对员工组织创新支持感、工作自主性和创新自我效能等心理结果的影响；③验证组织创新支持感、工作自主性和创新自我效能在服务型领导和员工亲顾客偏离行为关系之间的链式中介作用。研究的理论贡献在于关注到服务情境中普遍存在但带来管理挑战的亲顾客偏离行为，拓展了它的前因研究，首次从实证的视角检验酒店情境中服务型领导对亲顾客偏离行为的积极影响，并从社会学习的理论视角揭示了服务型领导如何促进员工亲顾客偏离行为的产生。最后，在实践方面，本研究为服务型组织提供了有价值的见解，有助于管理者充分理解员工亲顾客偏离的行为动机，并有效管理和控制员工的亲顾客偏离行为。

4.2　相关文献综述

4.2.1　服务型领导

服务型领导是服务组织尤其倡导的一种领导认知和实践活动，它将员工愿望、利益和需求置于个人和组织之上，以"服务第一"为核心理念（Eva et al.，2019；Ozturk et al.，2021），通过关系、道德、情绪、精神等多重维度在组织内部建立积极的工作环境。相较于其他领导风格，服务型领导以他人为导向的领导动机（motive），优先考虑追随者的个体需求、目标，与下属一对一的交互行为模式（mode）和强调服务追随者、组织及社区的重要性的思维定式（Eva et al.，2019），决定了它是一种与服务型企业"服务他人"的理念和经营要求高度契合，对员工服务心理和行为产生独特影响的领导风格（Li et al.，2021；Elche et al.，2020；Qiu et al.，2020）。相较于同样关注下属需求的变革型领导，服务型领导将满足下属需求作为自身工作目标，优先于考虑组织目标，而变革型领导满足下属需求是为了更好地实现组织目标（Stone et al.，2004）；相较于真实型领导，服务型领导拥有更强的服务他人的内在信念（Kaya et al.，2020）；相较于道德型领导，服务型领导对下属需求和组织环境的响应更灵活、更具偶然性、领导效率更高（Li et al.，2021；Eva et al.，2019）。

4.2.2 服务型领导与员工行为结果

服务型领导与员工行为的大多数研究集中在探讨服务型领导如何塑造下属积极态度、心理感知和行为结果上。常见的研究包括验证服务型领导与员工的组织公民行为（Arici et al.，2021；Elche et al.，2020；Panaccio et al.，2015）、角色外行为（Ozturk et al.，2021）、服务创造与创造力（Li et al.，2021；Panaccio et al.，2015；Ruiz‐Palomino et al.，2019；Ruiz‐Palomino et al.，2020）、适应性销售行为（Tuan，2022）之间的关系。在与之对应的心理机制方面，主要探究了顾客导向（Li et al.，2021）、服务态度（Ruiz‐Palomino et al.，2020）、工作投入（Ozturk et al.，2021；Kaya et al.，2020）、心理契约实现（Panaccio et al.，2015）、心理安全感（Lv et al.，2022）、资源寻求（Tuan，2022）以及参与感（Ruiz‐Palomino et al.，2019）的中介解释机制。

总而言之，服务型领导主要通过动机强化（如激发服务意识和工作投入）和提供心理资源（如给予心理安全感）来提升员工的服务绩效。值得注意的是，当员工需要为顾客创造独特难忘的体验时，他们不仅需要以顾客为中心的内在服务动机，更需要来自组织层面的情境资源和个人层面的能力资源（Qiu et al.，2020；Tuan，2022）。拥有上述资源，员工才能从亲顾客的战略视角去适应复杂多变的服务情境，满足顾客超过组织规范的服务需求。遗憾的是，少有研究将内部动机和心理资源整合进一个理论框架，更未触及各种心理资源之间的内部关系。

现在学者们开始注意到服务型领导对服务场景中员工偏离行为的影响。例如，Emilisa 和 Kusumaditra（2021）发现服务型领导能够显著减少五星级酒店的员工偏离行为；Ozturk 等（2021）同样证实了服务型领导能够有效减少员工缺勤情况。但是，亲顾客偏离行为具有利他和偏离组织规范的双重属性，这使得该行为显著区别于服务场景中纯粹的消极偏离行为。可见，服务型领导对亲顾客偏离行为的影响机制还不得而知，值得深入探索。

4.3 理论基础与研究假设

4.3.1 服务型领导与亲顾客偏离行为

4.3.1.1 社会学习理论

社会学习理论是解释服务型领导对员工行为产生涓滴效应的最具影响力的理论之一（Bai et al., 2019; Li et al., 2021; Kauppila et al., 2022）。社会学习理论认为个体会通过观察他人和模仿外界行动者来进行各种合适的行为（Bandura, 1977）。在社会学习过程中，个体会根据观察的内容，如知识、技能、态度、价值观等，对行为结果进行判断，建立起自身的认知结构并形成执行行为态度，继而有选择地模仿那些能带来积极结果预期的行为（Bandura, 1986）。社会学习理论常被用来解释组织成员间，尤其是有着频繁互动沟通的领导和下属之间的行为传递效应（Bai et al., 2019）。当员工认可领导的态度、品质和行为时，就会将他当作组织中值得信任的榜样，从而学习并模仿他的行为（Li et al., 2021）。

4.3.1.2 服务型领导对亲顾客偏离行为的影响

根据社会学习理论，服务型领导把他人需求放在第一位，具有真诚关心他人利益并帮助他人的优秀品质和行为，为员工树立了可观察、可信任、可学习的榜样，从而对员工的亲顾客偏离行为产生涓滴效应。一方面，服务型领导经常向他的员工传递"服务他人"的愿望、信念和行为，让员工成长为服务型员工（Li et al.，2021），在服务交互中展现出高水平的服务意识和亲顾客动机。大量实证研究证实，服务型领导关心他人的特质能够显著提升员工的顾客意识（Li et al.，2021；Qiu et al.，2020）。另一方面，服务型领导将员工需求置于组织需求之上，经常采用一对一的互动模式（Eva et al.，2019）去了解员工的利益诉求和发展目标，这种行为模式传递至员工时，表现为员工拥有更高的移情性，能够站在顾客的立场去深刻理解顾客的独特需求和要求（Kim et al.，2020），并通过服务创新为顾客提供定制化、个性化服务（Li et al.，2021；Jan et al.，2021）。并且，服务型领导具有向员工授权的行为特征（Eva et al.，2019），这为处于边界位置的一线员工提供了更多偏离组织规则的机会。当顾客需求与组织制度冲突时，员工甚至可能通过越轨去满足顾客需求（Jung et al.，2019），即将偏离组织既定的制度、政策禁令等视为更具效率和创新性的服务方式（Jeng，2018），从而给顾客创造更好的服务体验。已有研究证实，服务型领导对服务创新，包括越轨创新有显著正向影响（Li et al.，2021；Jan et al.，2021）。因此，可以推断服务型领导能够向员工"渗透"某些态度和价值观，进而促进员工的亲顾客偏离行为。由此，提出如下研究假设：

H1：服务型领导正向影响员工的亲顾客偏离行为。

4.3.2 感知组织创新支持、工作自主性和创新自我效能的整合作用

4.3.2.1 资源保存理论

资源保存理论认为，资源保存、投入和转移是个体压力反应和应对行为的核心驱动机制（Hobfoll，1989），也是理解员工在工作场所中的心理过程和行为动机的最具说服力的解释框架之一（Hobfoll et al.，2018；Liao et al., 2022）。资源保存理论的基本原则表明，资源的损失会使个人面临压力，个人倾向于找到保护现有资源的方法来减少资源枯竭的威胁。相反，如果个人有足够的资源，就往往会积累或投入资源，以确保资源的螺旋上升，从而支持个人实现工作目标的行动（Hobfoll et al., 2018；Liao et al., 2022；Tuan, 2022）。

工作领域的"资源"是指个人感知到的有助于实现目标的任何元素，包括外部的、情境性的组织资源（如社会支持、工作条件）和内部的、稳定的个人特征资源（Halbesleben et al., 2014；Hobfoll et al., 2018；Brummelhuis et al., 2012；Tuan, 2022）。这些资源形成了各种形式的个体资源池。此外，这些资源通过特定的通道进行内部流动，如来自组织的外部资源可以流向（Hobfoll et al., 2018）并影响（Halbesleben et al., 2014；Brummelhuis et al., 2012）个人内部的特征资源。

资源保存理论为服务型领导赋予员工心理资源实施亲顾客偏离行为提供了一个解释分析框架。亲顾客偏离行为带给组织的无意识负面结果（Boukis, 2016；Ghosh et al., 2019；Hu et al., 2021a）会给员工造成一定程度的资源损失，员工需要从服务型领导那里寻求和获得更多特定的资源，以弥补实施亲顾客偏离行为导致的资源损失。长期受服务型领导利他主义动机、服务信念和帮助他人行为的影响，员工能够获得特定的资源，包括对感知组织创新支持（Karatepe et al., 2020）、工作自主性（Brummelhuis et al., 2012）和创新自我效能（Hobfoll et al., 2018），这些资源要素共同构成了员工实施亲顾客偏离行为情境下的资源池。根据资源的流动性特征（Brummelhuisa et al., 2012），本研究尝试构建一个跨层次的资源分配和流动模型，将服务型领导与员工亲顾客偏离行为联系起来。

4.3.2.2 社会支持资源：感知组织创新支持

根据社会学习理论，个体在观察和模仿的过程中，能否模仿特定行为的心理感知和能力期待是重要的介质，中介了观察信息源和个体特定行为之间的关系，从而构成一个完整的"观察—模仿"的过程（Qiu et al., 2020）。服务交互过程中，员工除了帮助顾客的内在动机外，其实施亲顾客偏离行为还需强大的心理支持（如感知组织创新支持）和一定程度的工作自由裁量权，以及处理复杂问题的信心和能力。员工观察到的有关服务型领导的利他动机、服务信念和实际行为能够让员工感受到组织对一线员工创新性服务方式的支持（Karatepe et al.，2019），并在行为上赋予员工工作自主性（Su et al.，2015；Chiniara et al.，2016），两者共同增强了员工创新性服务顾客的信心（Karatepe et al.，2020b；Qiu et al.，2020），从而使员工更加倾向实施亲顾客偏离行为。

作为工作场所中的重要社会支持资源（Brummelhuis et al.，2012；Karatepe et al.，2020），感知组织创新支持是感知组织支持的一个特定维度，指员工感受到的组织对员工展示创新性想法、实施创新性行为的鼓励、尊重和奖励程度（Zhou et al.，2001；Diliello et al.，2011）。感知组织创新支持通常被进一步概念化为培养员工创新意识、鼓励员工创新行为的组织氛围或组织文化（Diliello et al.，2011）。服务型领导首先通过融洽的上下级关系、服务信念、积极情绪和工作热情为员工创造了良好的工作氛围和环境（Karatepe et al.，2020），让员工在工作场所感受到足够的社会支持。当员工的情境工作资源保持在一个较高水平时，他们倾向主动寻求额外资源去提升行为绩效（Brummelhuis et al.，2012；Tuan，2022）。

此外，服务型领导支持服务创新（Li et al.，2021；Newman et al.，2018）和管理创新（Karatepe et al.，2020）的行为表现，能够带给员工诸如心理安全感之类的心理资源（Lv et al.，2022），以此弥补员工在服务创新活动中的资源损耗。作为组织的管理者和组织氛围的营造者，服务型领导在一定程度上是组织的代言人（Oc，2018）。根据形象转移理论，员工会将对服务型领导的信任（Amah，2018；Ma et al.，2021）转化为对组织的信任，进而根据服务型领导的言行来推断组织对某些事件或行为的态度。大量研究证实，服务型领导支持服务创新（Li et al.，2021；Newman et al.，2018）和管理创新（Karatepe et al.，2020b）。员工根据服务领导对亲顾客偏离行为的态度，认为组织也完全能够理解员工根据服务情境灵活应对顾客需求的行为，相信组织不会惩罚偏离组织规则去满足顾客非常规需求的行为，更不用担心职业发展受到损害。此外，服务型领导对创新活动的支持还会逐渐在组织中形成创新氛围（Karatepe et al.，2020b），让员工感受到组织对服务创新的支持。由此，提出如下研究假设：

H2：服务型领导与员工感知组织创新支持呈正相关。

4.3.2.3 条件资源：工作自主性

工作自主性是指员工感知到个体对自己工作活动的控制程度（Spretzer，1995），具体表现为员工感知到自己对工作方法、工作进度、工作标准的自由决定程度（Breaugh et al.，1987）。在资源列队概念框架中，工作自主性是一线员工赖以开展工作的重要的条件资源（Halbesleben et al.，2014；Hobfoll et al.，2018）。由于领导是员工工作任务的直接安排者和监督者，领导风格对工作自主性发挥起着至关重要的作用。服务型领导鼓励员工参与决策，支持员工就工作方法、工作进度、工作标准等发表见解，充分尊重并采纳下属意见（Newman et al.，2017），员工会对上述观察到的信息进行学习和解读，感受到更多有关工作的自由裁量权。此外，授权是服务型领导的重要行为特征之一，通常通过授权为员工提供发展性支持（Liden et al.，2014；Sendjaya et al.，2019）。由于服务情境的复杂性和服务制度的不完备性（Leo et al.，2012），服务型领导允许下属在一定程度和范围内自行决定工作进度，选择符合特定工作情境的合适方法，鼓励下属按照自己对服务情境的判断开展工作（Chughtai，2016）。由此我们推断，服务型领导能够显著提高员工的工作自主性。由此，提出如下研究假设：

H3：服务型领导与员工的工作自主性呈正相关。

4.3.2.4 个人特质资源：创新自我效能

创新自我效能是一类特定自我效能，指个体自我感知是否能够创新性地完成某项任务的能力，反映了个体对完成特定任务所具有的行为能力的自信程度（Tierney et al.，2011；Newman et al.，2018）。根据资源列队的通道观点，创新自我效能是最关键的个人特征资源之一，与其他情境资源共存于同一资源池，并相互影响，积极的情境资源能够支持、培育、丰富个体资源（Hobfoll et al.，2018；Liao et al.，2022；Brummelhuis et al.，2012）。

因此，本研究推断，服务型领导能够通过社会支持资源和条件资源提升员工的创新自我效能。

第一，服务型领导能够让员工感受到强烈的组织创新支持感，形成积极的心理认知和资源（Qiu et al.，2020），让员工坚信采用创新性方式来完成工作任务的正确性和可能性。已有研究表明，当员工感知到组织的制度体系和管理实践都支持他们开展创新性活动时，他们就会认为创新工作方法是被绝对允许和欢迎的（Zhou et al.，2001），即使在充满挑战和非常规性任务（Non-routine tasks）的工作环境中，因创新工作而犯错也能够被接受和容忍（Karatepe et al.，2020b）。来自组织的创新支持能够让员工更加信任服务型领导展示出来的服务信念和行为，从而获得更强的心理安全感，因而拥有更高水平的决心和信心去进行服务创新，甚至大胆挑战既定规则（Qiu et al.，2020）。

第二，服务型领导赋予员工较高的工作自主性，一定程度上为员工提供了自主工作的资源和条件（Liden et al.，2014；Sendjaya et al.，2019）。Gist 和 Mitchell（1992）指出，工作环境中的可用资源或制约因素是影响员工自我效能感的重要因素，工作自主性意味着员工拥有更多资源去选择创造性的工作方式，自由控制工作流程，最终增强员工应对顾客复杂化需求、成功完成工作任务的信心和能力。服务型领导为员工注入的内在力量（组织创新支持感）和外在资源（工作自主性）形成互补性合力，共同提升员工的创新自我效能。由此，提出如下研究假设：

H4：感知组织创新支持与创新自我效能呈正相关。

H5：员工的工作自主性与创新自我效能呈正相关。

高创新自我效能的员工对实现工作目标有着更强的自信，认为自己能够应对多变的工作环境，善于通过大胆的、具有创新性的方式克服工作中的困难（Tierney et al.，2011）。面对具有风险性的工作任务时，会更多地关注风险中蕴含的潜在机会，并预期会产生好的结果（Newman et al.，2018）。而创新自我效能不足的个体则缺乏自信，认为自己难以应对困难和复杂情境，通常选择循规蹈矩，放弃挑战（Jiang et al.，2017）。服务情境具有高度不确定性和偶然性，顾客时常产生超越组织服务范畴和服务标准的需求（Leo et al., Rebekah, 2012；Qiu et al., 2020；Li et al., 2021），给员工的服务交付带来诸多困难。在面临顾客个性化需求与组织正式规章之间的冲突时，首先高创新自我效能的员工在服务型领导的感染下，对自己处理这类复杂的、具有亲顾客属性的顾客问题的能力和信心持乐观态度，相信自己拥有的知识、能力、岗位资源能够有效应对因帮助或维护顾客利益而偏离组织规则所带来的风险（Qiu et al., 2020），通常愿意尝试通过亲顾客偏离行为来更好地满足顾客需求。其次，高创新自我效能的员工（as creative self-efficacious hospitality employees）通常拥有更强大的心理资源，他们倾向积极预期隐藏在风险中的机会（Newman et al., 2018）。当顾客需求超越服务规程或工作要求时，他们会辩证地看待组织既定规则可能存在的问题，试图将打破规则视为一种服务创新（Qiu et al., 2020），预期亲顾客偏离行为将为顾客和组织带来更多的福祉。由此，提出如下研究假设：

H6：员工的创新自我效能与亲顾客偏离行为呈正相关。

H7：感知组织对创造力和创新自我效能的支持在服务型领导对亲顾客偏差的影响中起到中介作用。

H8：工作自主性和创新自我效能在服务型领导对亲顾客偏差的影响中起到中介作用。

综上，本研究构建的理论模型如图4-1所示。

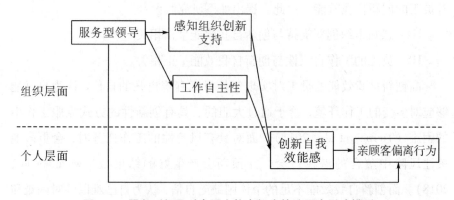

图4-1　服务型领导对亲顾客偏离行为的跨层次影响模型

4.4 研究方法

4.4.1 数据采集与样本结构

根据研究目的，本研究采用判断抽样技术开展问卷调查，目标样本是在酒店工作的全职一线员工。正式调查在"Credamo"在线问卷调查平台上进行，该平台能够准确地将问卷分发到目标样本中，并确保受访者是合格的调查对象。在输入问卷后，受访者需要按照问卷提示回答每个题项，问卷使用了两个注意筛查问题，以排除没有高度投入的参与者。完成问卷后，通过注意力筛查的参与者可获得 10 元人民币作为回报。

数据收集分为两个阶段。2021 年 7 月 3 日至 7 月 10 日，开展了预调研，以评估问卷的可靠性和量表翻译的有效性。面向酒店实习生采集了 49 份有效问卷，有效回收率为 98%。结果显示，量表的 Cronbach's α 系数大于 0.700，这代表着良好的可靠性。此外，根据预调研参与者的建议调整了一些句子的措辞，以确保语言清晰。

正式调查于 2021 年 7 月 11 日至 9 月 13 日进行。共回收了 500 份问卷，剔除无效问卷后，439 份问卷可用于进一步分析，问卷的有效回收率为 87.8%，符合样本量标准（Westland，2010）。受访者完成调查的平均时间为 308 秒。所有参与者均在酒店前厅部、客房部、餐饮部、康乐部和销售部工作，能够与酒店客人进行面对面接触，满足实施亲顾客偏离行为的条件。在 439 名参与者中，男性 201 名、女性 238 名；32.12% 的参与者年龄为 31~35 岁，48.29% 的参与者拥有学士学位。数据还显示，39.18% 的参与者在酒店和餐饮业的工作年限为 4~8 年。大部分参与者的月收入为 5 001~7 000 元人民币。样本的人口统计特征见表 4-1。

表 4-1　样本结构

样本统计特征		频数	百分比/%
性别	男性	201	45.79
	女性	238	54.21
年龄	18~25 岁	101	23.01
	26~30 岁	134	30.52
	31~35 岁	141	32.12
	36~40 岁	23	5.24
	>40 岁	40	9.11
教育程度	高中以下学历	25	5.69
	高中或中专学历	63	14.35
	大专学历	123	28.02
	学士学历	212	48.29
	硕士或以上学历	16	3.64
工作年限（年）	<1 年	38	8.66
	1~3 年	154	35.08
	4~8 年	172	39.18
	>8 年	75	17.08
月收入（元）	≤3 000 元	34	7.74
	3 001~5 000 元	126	28.70
	5 001~7 000 元	162	36.90
	7 001~9 000 元	75	17.08
	>9 000 元	42	9.57

4.4.2　非响应偏差

运用 t 检验，通过比较前期（$N = 273$）和后期（$N = 166$）参与者的差异，检测问卷的非响应偏差（Armstrong et al., 1977；Ciampi et al., 2021）。结果显示，性别（$p = 0.115$）、年龄（$p = 0.940$）、教育程度

（$p = 0.327$）、任期（$p = 0.285$）和月收入（$p = 0.370$）在统计上不存在明显差异，没有发现非响应偏差的证据。

4.4.3 变量测量

在本研究中，所有量表题项均改编自先前研究中使用过的有效量表。由于这些量表最初是用英语编制的，因此采用了反向翻译技术（Brislin，1980），以确保问卷内容和测量量表的准确性。受访者用李克特七分量表对项目进行评分，分数从 1 分（非常不同意）到 7 分（非常同意）。

服务型领导采用 Liden 等人（2014）的七个项目进行测量。工作自主性采用 Breaugh（1999）开发的九个题项进行测量。创新自我效能的测量使用 Carmeli 和 Schaubroeck（2007）建议的八个题项。感知组织创新支持采用 Zhou 和 George（2001）改编的四个项目进行测量。亲顾客偏离行为使用 Leo 和 Russell-Bennett（2014 年）开发的 13 个题项来测量。

4.5 数据分析与结果

4.5.1 共同方法偏差

采用多种方法检测共同方法偏差。第一，使用 Harmon's 单因子检验来评估是否存在共同方法偏差。未旋转因子分析显示，第一个因子解释了总方差的 45.328%，小于 50% 的临界值。第二，进行了共同因子检验（Podsakoff et al.，2003；Song et al.，2022），在五因子测量模型中加入一个潜在的共同因子后，模型拟合度略有变化。但 TLI 和 CFI 的增加小于 0.005，RMSEA 的减少和 SRMR 的增加小于 0.002。这些结果表明，共同方法偏差在本研究中并不是一个影响结论的严重问题。

4.5.2 测量模型

在评估测量模型之前，使用 SPSS 检验了偏度和峰度值来检验数据是否服从正态分布。结果表明，所有题项的偏差值为 0.887~0.125，峰度值为 0.607~1.281。根据 Kline（1998）的结果，被测题项呈正态分布。

为了评估量表的效度和信度，使用 AMOS 进行了五因素测量模型检验。表 4-2 的结果表明，除 5 个项目外，所有标准因子载荷（大于 0.7）都是可以接受的。测量模型与实验数据吻合较好（$\chi^2/df = 2.191$，CFI = 0.937，TLI = 0.932，SRMR = 0.043 9，RMSEA = 0.052）。所有构念的 Cronbach's α 系数为 0.865~0.933，都高于 0.7 的阈值，因此表明内部一致性令人满意。五个变量的组合信度（CR）值分别为 0.866、0.904、0.929、0.934 和 0.921，均大于 0.7 的标准值，平均提取方差（AVE）值为 0.539~0.702，均大于 0.5 的标准值（Hair et al.，1998），测量模型的收敛效度得到了证明。然后，检验了构念的区分效度，如表 4-3 所示，结果表明，每个构念的 AVE 平方根均高于与其他构念的相关系数，这说明变量之间存在显著的区别效度（Fornell et al.，1981）。同时，比较了原始的五因子模型和随机组合变量的几种替代模型。表 4-4 显示，五因子模型的数据拟合优于其他替代模型。进一步使用了异质—单质相关比（HTMT）来评估区分效度（Fornell et al.，1981），如表 4-3 所示，所有 HTMT 值均低于 0.85 的临界值，也显示了良好的区分效度。

表 4-2　验证性因子分析结果

项目	均值	标准差	因子载荷
服务型领导（Cronbach's α = 0.865；CR = 0.866；AVE = 0.564）			
我的经理把我的职业发展放在首位	4.36	1.255	0.813
如果我遇到个人问题，我会向我的经理寻求帮助	5.05	1.226	0.734
我的经理将我的最大利益置于他/她自己的利益之上	3.82	1.332	0.738
我的经理给予我自由，让我以自己认为最好的方式处理困难情况	5.03	1.135	0.721

表4-2(续)

项目	均值	标准差	因子载荷
我的经理不会为取得成功而损害道德原则	5.24	1.249	0.747
感知组织创新支持（Cronbach's α = 0.904；CR = 0.904；AVE = 0.702）			
我工作的酒店鼓励创新	5.32	1.143	0.845
我们创造性地开展工作的能力得到了领导层的肯定	5.33	1.105	0.846
我们酒店的奖励制度鼓励创新	5.43	1.150	0.835
我们的酒店公开表彰那些具有创新精神的人	5.42	1.103	0.825
工作自主性（Cronbach's α = 0.929；CR = 0.929；AVE = 0.595）			
我可以决定如何完成我的工作	4.95	1.239	0.779
我能够选择工作方式	4.81	1.291	0.796
我可以自由选择开展工作的方法	4.69	1.292	0.817
我可以安排我的工作时间	4.71	1.295	0.764
我对工作活动的顺序（何时做什么）有一定的控制权	4.91	1.241	0.782
我可以决定何时进行特定的工作活动	4.69	1.281	0.802
我可以修改正常的工作标准去强调一些特殊的工作条件	4.51	1.280	0.754
我能够修改我的工作目标	4.47	1.274	0.708
我可以控制我应该完成的任务	4.88	1.118	0.732
创新自我效能（Cronbach's α = 0.933；CR = 0.933；AVE = 0.638）			
我将能够以创造性的方式实现我为自己设定的大部分目标	5.07	0.978	0.736
我确信自己会创造性地完成困难的任务	5.03	1.065	0.794
总的来说，我认为我可以用创造性的方式取得对我来说重要的成果	4.96	1.104	0.788
我相信，只要我下定决心，就能在大多数创造性工作中取得成功	5.10	1.097	0.807
我将能够创造性地克服许多挑战	5.18	1.041	0.803
我有信心能够创造性地完成许多不同的任务	5.07	1.088	0.846
与其他人相比，我能创造性地完成大多数任务	4.87	1.150	0.814
即使遇到困难，我也能表现得很有创造力	4.82	1.139	0.800

表4-2(续)

项目	均值	标准差	因子载荷
亲顾客偏离行为（Cronbach's α = 0.921；CR = 0.921；AVE = 0.539）			
即使会让顾客望而却步，我也会如实介绍我们的产品	4.47	1.176	0.743
我对顾客的产品选择直言不讳，哪怕是负面的选择	4.94	1.059	0.724
即便顾客不购买我们的产品，我也会为顾客提供最好的产品建议	4.77	1.163	0.728
当我认为有必要时，我会公开酒店的不良做法	4.23	1.171	0.696
即使是负面的意见，我也会如实向顾客提供	4.63	1.163	0.751
即使我的公司不希望我这样做，我也会向顾客暗示我酒店的工作方式	4.46	1.050	0.707
我花更多时间处理酒店认为无关紧要的顾客事务	4.89	1.120	0.748
我利用额外的时间为顾客提供帮助，即使这是我不应该做的事情	4.74	1.119	0.768
我利用酒店的供应品来解决公司可能认为无关紧要的顾客问题	4.62	1.205	0.770
我利用酒店的资源帮助顾客，即使我的公司可能会认为这是一种浪费	4.43	1.222	0.704

表 4-3 相关性和平均提取方差

变量	1	2	3	4	5
1. 服务型领导	0.751				
2. 感知组织创新支持	0.729 (0.729)	0.838			
3. 工作自主性	0.749 (0.757)	0.594 (0.598)	0.771		
4. 创新自我效能	0.736 (0.736)	0.677 (0.683)	0.694 (0.705)	0.799	
5. 亲顾客偏离行为	0.683 (0.681)	0.540 (0.536)	0.580 (0.582)	0.714 (0.713)	0.734

注：AVE 的平方根在矩阵的对角线上（斜体）；对角线下方是相关性；HTMT 比率在括号中。

表4-4 测量模型比较结果

模型	模型说明	χ^2	df	$\Delta\chi^2$	RMSEA	CFI	IFI
模型1	5因子模型：服务型领导、工作自主性、创新自我效能、感知组织创新支持、亲顾客偏离行为	1 279.472	584		0.052	0.937	0.937
模型2	4因子模型：服务型领导、感知组织创新支持合并为一个因子	1 640.785	588	361.313***	0.064	0.904	0.904
模型3	3因子模型：服务型领导、感知组织创新支持、工作自主性合并为一个因子	2 332.709	626	1 053.237***	0.079	0.846	0.846
模型4	2因子模型：服务型领导、感知组织创新支持、工作自主性、创新自我效能合并为一个因子	2 975.735	593	1 696.263***	0.096	0.783	0.783
模型5	1因子模型：服务型领导、创新自我效能、工作自主性、感知组织创新支持、亲顾客偏离行为合并为一个因子	3 871.058	594	2 591.586***	0.112	0.701	0.702

4.5.3　结构模型

根据 Hu 和 Bentler（1999 年）的研究，本研究的拟合指数（χ^2 = 1 299.655，df = 588，χ^2/df = 2.210，SRMR = 0.046，RMSEA = 0.053，CFI = 0.935，TLI = 0.930）表明所提出的结构模型与数据拟合良好。表 4-5 列出了结构模型分析的直接效应检验结果，显示服务型领导对员工的亲顾客偏离行为（β = 0.336，$p < 0.001$）、感知组织创新支持（β = 0.743，$p < 0.001$）和工作自主性（β = 0.763，$p = 0.001$）有显著的正向影响；因此，H1、H2 和 H3 得到验证。感知组织创新支持对员工创新自我效能的影响具有统计学意义（β = 0.417，$p = 0.001$），从而支持了 H4。同样，工作自主性也对员工的创新自我效能产生了积极影响（β = 0.459，$p < 0.001$），从而证实了 H5。最后，创新自我效能与亲顾客偏离行为呈显著正相关（β = 0.477，$p < 0.001$），从而支持了 H6。

表 4-5　结构模型分析的直接效应检验结果

假设	影响路径	系数	结果
H1	服务型领导→亲顾客偏离行为	0.336 ***	支持
H2	服务型领导→ 感知组织创新支持	0.743 ***	支持
H3	服务型领导→工作自主性	0.763 **	支持
H4	感知组织创新支持→创新自我效能	0.417 **	支持
H5	工作自主性→创新自我效能	0.459 ***	支持
H6	创新自我效能→亲顾客偏离行为	0.477 ***	支持

注：*** $P < 0.001$；** $P < 0.01$。

利用 SEM 同时检验了感知组织创新支持、工作自主性和创新自我效能在服务型领导和亲顾客偏离行为之间的潜在中介作用。表 4-6 提供了结构模型分析的间接效应检验结果。5 000 个样本的引导结果显示，服务型领导与亲顾客偏离行为之间的正向关系依次由感知组织创新支持和创新自我效能解决（β = 0.148，95%CI：[0.097，0.212]）。此外，服务型领导和亲顾客偏离行为之间通过工作自主性和创新自我效能的间接影响也很显著（$\beta = 0.167$，95%CI：[0.111，0.237]），因此支持了 H7 和 H8。

表 4-6　结构模型分析的间接效应检验结果

假设	影响路径	效应值	95% 置信区间	
			下限	上限
H7	服务型领导 → 感知组织创新支持 →创新自我效能 → 亲顾客偏离	0.148	0.097	0.212
H8	服务型领导 → 工作自主性 →创新自我效能 → 亲顾客偏离	0.167	0.111	0.237

此外，Cohen（1988）使用模型中主要内生变量的 R2 值来证明预测能力。他所提出的结构模型分别解释了感知为组织创新支持、工作自主性、创新自我效能和亲顾客偏离行为的变量为 55.3%、58.2%、60.2% 和 55.2%，这表明该模型具有良好的解释力。最后，根据 Ozturk 等人（2021）的研究，通过对控制人口属性（性别、年龄、教育程度、任期和月收入）的分析，结果显示，前面提到的路径的显著性并没有因为控制变量的加入而改变。

4.5.4　补充分析

为进一步了解中介过程，本研究针对假设模型，对备选模型的拟合优度进行了分析。在第一个备选模型中，将感知组织创新支持、创新自我效能和工作自主性作为平行中介。拟合指数显示数据与模型拟合良好（$x^2 = 1\,321.001$，df $= 587$，$x^2/df = 2.250$，SRR $= 0.050$，RMSEA $= 0.053$，CFI $= 0.933$，TLI $= 0.928$）。在间接效应方面，由于感知组织创新支持（$p = 0.366$）和工作自主性（$p = 0.955$）对亲顾客偏离行为的影响不显著，结果表明两条中介路径无法建立。然后，构建了检验感知组织创新支持和创新自我效能的序列中介效应模型，模型的拟合指数显示为可接受水平（$x^2 = 899.111$，df $= 320$，$x^2/df = 2.81$，SRMR $= 0.062$，RMSEA $=$

0.064，CFI = 0.930，TLI = 0.920）。此外，研究还发现，服务型领导与亲顾客偏离行为的关系依次受到感知组织创新支持和创新自我效能的中介作用（$\beta = 0.265$，95%CI：[0.189, 0.349]）。在第二个备选模型中，将工作自主性和创新自我效能作为序列中介路径，模型拟合结果可以接受（$x^2 = 1\,119.756$，$df = 460$，$x^2/df = 2.434$，SRMR = 0.057，RMSEA = 0.057，CFI = 0.930，TLI = 0.930），但与假设模型相比，间接效应的显著性没有变化（$\beta = 0.269$，95% CI：[0.189, 0.351]）。上述结果表明原始假设模型优于替代模型。

4.6 实证研究发现与理论贡献

4.6.1 研究发现

在服务业中，一线员工亲顾客偏离行为动机的高尚性和行为在事实上的偏离性，给该行为的管理带来了困扰，了解管理者的领导风格对该行为的影响在理论和实践上都是一个有价值的课题。本研究基于社会学习理论，实证检验了服务型领导对一线员工亲顾客偏离行为的跨层次、多路径影响及其心理机制。

本研究发现，服务型领导正向影响一线员工的亲顾客偏离行为，说明服务型领导的确是员工在服务工作场所最重要的学习对象和职业榜样，是推动员工从事亲顾客偏离的重要管理因素。一方面，服务型领导"服务他人"的理念强化了员工的顾客意识，使员工更容易站在顾客的立场帮助他们解决问题，表现出更强的"亲顾客"倾向；另一方面，服务型领导重视员工利益，鼓励员工开展创新性工作，在一定程度上包容员工的偏离行为。该结论不同于 Sendjaya 等（2019）的研究发现，他们认为服务型领导能够抑制员工在工作场所中的偏离行为，原因在于上述研究忽视了某些偏离行为的积极面。亲顾客偏离是一种顾客导向的建设性偏离（Boukis，

2016; Leo et al., 2012; Morrison, 2006), 这种偏离行为的利他属性足以引起服务型领导和员工的更多重视。

本研究还发现, 创新自我效能是影响亲顾客偏离行为的关键前因变量, 在服务型领导和亲顾客偏离行为的关系中发挥中介作用。不同于以往研究强调的一般自我创新效能(Qiu et al., 2020), 对员工而言, 亲顾客偏离行为具有一定的风险性, 这个结论意味着员工愿意承担违规风险为顾客创造更好的服务体验的内在动力之一是坚定开展创新活动的认知和信念, 即员工需要拥有相信自己能够通过创新的方式或手段完成工作任务的能力和信心。具有高创新自我效能的员工才有勇气挑战组织既定规则和制度权威(Tierney et al., 2011), 将服务偏离行为合理化为越轨创新, 从而更有可能实施亲顾客偏离行为。

本研究揭示了服务型领导通过两条路径提升员工的创新自我效能, 进而促进员工的亲顾客偏离行为, 即员工的组织创新支持感→创新自我效能和工作自主性→创新自我效能在服务型领导和亲顾客偏向行为之间发挥链式中介作用。本研究根植于员工的亲顾客偏离情境, 进一步拓展了服务型领导对员工亲顾客偏离行为影响的中介机制, 发现员工只有将服务型领导对顾客需求的关注、对服务创新的支持感知作为组织对创新活动的支持, 以及从服务型领导那里感受到和实际获得的工作自主权, 才没有后顾之忧, 才有信心、有资源、有机会大胆尝试服务创新, 从而更好地帮助顾客解决问题, 满足顾客非常规性服务需求。

4.6.2 本研究的理论贡献

首先, 本研究聚焦于接待业中普遍存在的、被视为建设性偏离的亲顾客偏离行为, 拓展了一线员工服务行为的相关研究。在服务业中, 员工的顾客导向意识和亲顾客行为, 以及工作场所的偏离行为都得到了广泛关注(Li et al., 2021; Ozturk et al., 2021; Panaccio et al., 2015), 但对同时具有双重属性的亲顾客偏离行为的研究明显不足。服务营销学者指出, 亲顾客偏离行为在服务实践中由来已久(Brady et al., 2012), 并且接待业中员工的亲顾客偏离行为远多于偷窃、迟到、服务破坏（service sabotage）等消极偏离行为（Emilisa et al., 2021; Ozturk et al., 2021; Sendjaya et al., 2019）。基于亲顾客偏离行为在接待业中的独特表现，越来越多的学者呼吁要对此给予足够关注。本研究正是从亲顾客偏离行为形成机制的视角回应学术呼吁（Ghosh et al., 2019; Hu et al., 2021a），进一步丰富了一线员工服务行为和工作场所偏离行为的相关研究。

其次，本研究以社会学习理论为基础，从社会互动的视角探讨了管理者领导风格如何影响员工的亲顾客偏离行为，丰富了亲顾客偏离行为的前因研究。在组织行为学领域，现有研究将亲顾客偏离行为作为亲社会违规的一个维度（Morrison, 2006），在有关亲社会违规的概念、特性和测量等议题中，分析了员工个人特质、岗位特征、组织伦理氛围等因素对亲顾客偏离行为的影响（Dahling et al., 2012; Vardaman et al., 2014），但鲜有研究从组织视角实证检验领导风格对亲顾客偏离行为的直接影响及其影响机制。研究结论证实了服务型领导是员工实施亲顾客偏离行为的决策参考，从管理者层面拓展了员工亲顾客偏离行为的影响因素。此外，该结论也为相较于其他类型的领导风格，服务型领导是服务型企业中最具影响力的领导方式之一这一观点提供了新的证据，确实能显著引导和塑造服务场景中的员工行为。

再次，本研究基于资源保存理论，构建了一个亲顾客偏离行为的跨层次多路径形成机制模型，该模型指出一线员工（个体层）决定实施亲顾客偏离行为，是学习、模仿并践行服务型领导（管理层）"服务他人"信念的结果，这个学习、模仿过程是一个多路径多阶段的心理资源感知和加工过程。并且，这个跨层次多路径的模型继承和超越了有关亲顾客偏离行为影响因素的现有文献，从工作资源的视角揭示了服务型领导影响员工亲顾客偏离行为的心理机制。不同于以往研究将亲顾客偏离行为的众多前因变量作为互不相关的影响因素（Li et al., 2021; Lv et al., 2022; Ozturk et al., 2021; Tuan, 2022），这个模型整合了服务型领导及受其影响后员工的系列心理资源变化和行为结果模型中的两条链式中介路径，解释了亲顾客偏离行为决策驱动因素之间存在内在依赖和产生顺序。

最后，本研究识别出在与服务型领导的交互过程中，员工的创新自我效能发挥的关键作用。其将在以往研究中得到广泛证实的自我效能感（Kohlberg et al.，1977）进一步发展为创新自我效能，揭示了员工对自身偏离行为的合理化过程和本质。即在服务型领导的影响下，员工可能进一步放大亲顾客偏离行为的利他属性，将偏离甚至违背组织正式规则的意图和举动理解为自己在顾客需求多样化、复杂化情境下的权宜之计，这个过程本质上是服务创新（Ghosh et al.，2019），根本目的在于创造卓越服务，提升顾客体验。服务型领导只有通过激活员工创新自我效能这一重要心理变量，才更可能促进亲顾客偏离行为发生。这一结论有助于深刻理解员工对亲顾客偏离行为的认知判断，以便更好地引导员工的服务行为。

5 亲顾客偏离行为的后效研究：顾客反应的视角

顾客是服务的直接使用者和评价者，从顾客反应的视角判断亲顾客偏离行为的后效符合服务利润链的基本理论逻辑，也是管理者深刻理解和评估亲顾客偏离行为服务绩效的理论依据。鉴于此，本章通过三个逻辑关联紧密的子研究，从外部顾客的视角，全面、深度呈现亲顾客偏离行为的后效。

5.1 亲顾客偏离行为顾客反应的理论构想

5.1.1 理论构想的缘起

在服务消费的转型与升级过程中，个性化服务是服务型企业提升顾客体验，激发顾客再惠顾的重要手段。服务型企业边界员工岗位自主性强、与顾客互动频率高、顾客意识强烈（张辉 等，2012），加之服务情境的不确定性和服务规程的不完备性，员工在提供个性化服务时极易逾越企业规范，偏离甚至直接违背企业正式规章制度，实施亲顾客偏离行为。从服务型企业"员工—服务—利润"的盈利逻辑来看（Gounaris et al., 2013），亲顾客偏离行为是员工满足顾客个性化需求的结果，具有利他动机和偏离组织规范的双重道德属性（Boukis，2016；Morrison，2006；Vardaman et al.，2014）。一方面，由于帮助顾客或维护顾客利益的首要动机，亲顾客偏离行为会被顾客感知为促使个人受益的道德行为，激发顾客形成赞赏他人的积极评判和情绪反应；另一方面，该行为偏离组织正式规范的不争事实，也会被顾客感知为破坏规则，导致他人受损的不道德行为。顾客对服务型企业员工这种"明知故犯"的双重道德行为的认知、体验和响应，是员工服务初衷能否实现的关键。因此，亲顾客偏离行为的属性特征导致怎样的顾客认知和体验？能否得偿所愿引发积极的顾客反应？这是服务型企业和学术研究亟须探索的一项课题。

针对上述问题，通过系统的文献回顾发现，对亲顾客偏离行为结果的研究极其匮乏，零散分布在组织行为和服务营销领域，并呈现两种截然不同的观点：一是基于利他动机的积极影响，二是基于偏离规范的消极危害。基于利他动机的相关研究认为，亲顾客偏离行为源于员工发自内心帮助顾客或维护顾客利益的高尚动机（Leo et al.，2012；Spreitzer et al.，2004）。这种动机会驱动员工在服务接触时对顾客个性化需求进行关注和满足，能够带给对方快乐、喜悦、满足、惊喜等愉悦感，也能减轻对方沮丧、焦虑、担忧、尴尬等不适感（杜建刚 等，2007；Bock et al.，2016），从而显著提升顾客满意度（Lastner et al.，2016），获得顾客信任（Kang et al.，2012），强化顾客承诺（Roy，2015），进而促进顾客再惠顾意愿（Kim，2009）。基于偏离规范的相关研究认为，尽管亲顾客偏离行为源于高尚动机，但偏离组织规范如同蚁穴之于大堤，长期汇集会增加组织成本、威胁组织稳定（Ghosh et al.，2019）、降低组织效能以及危害组织利益（Kluemper et al.，2015；周浩 等，2016）。亲顾客偏离行为传递出企业制度随意性信号，组织规范的稳定性和权威性均受到挑战。员工的偏离行为会诱发顾客的投机心理，额外占用组织资源，还可能导致其他顾客的服务不公平感知，破坏服务质量的稳定性（Litzky et al.，2006），最终影响服务评价，导致顾客转移。

尽管学者们已经意识到亲顾客偏离行为可能是一把"双刃剑"（李天则，2018；涂铭，2020），但现有研究大都忽视了亲顾客偏离行为研究最根源的挑战：亲顾客偏离行为本质上是"员工对应该帮助顾客和不应该违背组织规范两个道德准则的折衷选择"（Vardaman et al., 2014），同时具有利他动机和偏离组织规范的双重道德属性。忽略这一点将无法触及顾客对该行为的本质性认知评价，以及与之对应的情感和行为反应，因此得到了截然相反的研究结论（Morrison, 2006）。Boukis（2016）指出，亲顾客偏离行为的利他动机和偏离组织规范的双重道德属性相互交织，打破了顾客对单一属性服务行为的认知评价，可能诱发顾客复杂的道德认知和情绪反应，从而产生多样化的行为倾向。在服务接触中，顾客亦会根据一定道德标准，对亲顾客偏离行为形成不同层次的道德推理和认知评价，并在这个过程中诱发复杂、矛盾的道德情绪，进而影响顾客再惠顾等行为反应。遗憾的是，现有研究并未就这一思路深入讨论顾客对亲顾客偏离的多样化反应。

为此，本研究试图构建顾客对服务型企业亲顾客偏离行为的响应模型，从道德行为的视角重塑亲顾客偏离行为结果的理论命题。首先，基于亲顾客偏离行为的内涵特征，探索顾客对亲顾客偏离行为的道德认知评价及道德情绪反应模型；其次，从道德情绪的复杂性和矛盾性出发，借助道德情绪功能的强化效应与驱逐效应，探究道德情绪中介下亲顾客偏离行为对顾客再惠顾意愿的影响机制，即顾客的行为反应模型；最后，分析不同顾客认知特质和不同服务情境下，顾客对亲顾客偏离行为的道德情绪和行为反应的差异，即认知特质和服务情境的调节作用。

5.1.2 相关研究进展

5.1.2.1 亲顾客偏离行为对顾客情绪和行为的影响

亲顾客偏离行为对顾客情绪和行为影响的研究成果，间接出现在组织内积极偏离行为、顾客导向型服务行为等领域，研究方法经历了理论演绎、实地调查与质性分析、模型分析、实验研究等历程，研究内容由关注行为结果的正面效应和负面效应构成。

关注行为结果正面效应的学者将研究的逻辑起点放在利他动机上，认为顾客是偏离行为的受益者，会对该行为产生积极反应。Morrison（2006）

最早借鉴积极组织理论，通过访谈分析和定量研究，识别出服务组织边界员工为帮助顾客和维护顾客利益的违规行为能够显著提高感知服务质量和顾客满意度。此后，学者引入更多关于顾客体验和购后行为的变量，验证服务接触中员工偏离行为产生的影响（王莹 等，2020）。Wagner（2009）借助情绪理论，通过情境实验和行业实景研究，发现关注顾客的个性化需求、维护顾客利益能够带来顾客愉悦、惊喜等情绪体验，进而影响口碑传播、再惠顾意愿和溢价支付；反之，则会带来失望、尴尬等负面情绪体验，减少顾客忠诚行为。李朋波等（2020）指出，顾客导向偏离行为会使顾客产生不公平的感知，从而对员工或企业产生消极评价。部分学者从变革导向（change-oriented behavior）的视角，运用结构方程模型得到如下结论：员工对顾客超出常规的服务期望做出主动性、风险性和挑战性的响应，有助于获得顾客信任（Kang et al.，2012），引导顾客参与价值共创和服务革新（Marinova et al.，2015；Menguc et al.，2012），从而建立更加长久稳固的顾客关系（Roy，2015）。

关注行为结果负面效应的学者将研究的逻辑起点放在偏离组织规范的既定事实上，认为即使行为具有利他动机，仍会带来无意识（unintended）的不利结果。学者分析亲顾客偏离行为对顾客的潜在影响时指出，服务组织员工一旦通过偏离规范的方式帮助顾客，将面临极大的角色冲突和角色压力，顾客会为此而内疚（Menguc et al.，2012）。伴随心理压力的服务表现又会导致顾客感知服务质量不稳定，从而诱发顾客不满情绪（Bock et al.，2016；Litzky et al.，2006）。进一步地，Dahling（2012）在亲社会违规行为量表开发过程中揭示，顾客导向型违规不仅诱发涉事顾客的内疚情绪，还会导致其他顾客感知不公平，进而违背顾客—员工心理契约，引起顾客转移，伤害组织绩效。

5.1.2.2 消费情景下的道德情绪

（1）道德情绪的认知评价体系

道德情绪是个体根据一定的道德规范或行为准则，对自己或他人的思想、行为进行评价时产生的情绪体验，是个体对客观事物与自身道德需要之间的关系反映（Haidt，2003；Rudolph et al.，2014）。道德情绪发展晚于并区别于基本情绪，主要特点在于需要两种认知能力参与形成：一是区分自己与他人的能力，即情绪主体具备自我意识；二是根据一定的道德规范或准则，对道德行为进行自我评价的能力（Tracy et al.，2006）。比如，婴儿出生9个月后，已经产生全部基本情绪，而3岁以后道德情绪才会萌芽。原因就在于个体的自我意识和自我评价能力都需要一个发展过程，直到建立特定情境下道德行为、道德认知与道德情绪之间的稳定联系（Tracy et al.，2006）。

道德情绪属于特定情绪混合构成的复杂情绪范畴，主要由四类构成：谴责他人的情绪，包括蔑视、愤怒和厌恶；自我意识的情绪，包括内疚、尴尬、羞愧和自豪；他人受难的情绪，主要指同情；赞许他人的情绪，包括感激、敬畏和崇拜（Haidt，2003）。随着伦理消费研究的兴起，内疚、羞愧和感激、敬畏两组效价相反的道德情绪，成为工作场所偏离行为（Harvey et al.，2017）、绿色消费等亲环境行为（Antonetti et al.，2014）、慈善捐赠等亲社会行为（蒋丽芹 等，2017）、服务体验（田野 等，2015）和营销互动（Antonetti et al.，2015；费显政 等，2011）等研究中的关键变量。

情绪认知评价理论强调个体的情绪体验并不源于刺激本身，而是源于个体对刺激的认知评价，认知参与是道德情绪形成的必要条件。某种特定道德情绪（如感激、内疚）的认知成分通常由几种认知评价维度组合而成，探索道德情绪的认知评价维度是区别道德行为刺激诱发哪种道德情绪的关键。Smith 和 Ellsworth（1987）将情绪的认知评价体系分为初级评价和次级评价，由初级评价的愉悦性（个体是否感到高兴）、次级评价的确定性（个体对情境的确定性）、关注性（个体是否关注）、可控感（事件是由个体还是情境或他人所控制）、预期努力（是否需要付出生理或心理上的努力）和责任归属（他人或是自身对事件负有责任）6个维度构成，并由此识别出15种情绪，得到学界广泛认同和借鉴。

近年来，研究者们在此基础上构建了不同的认知评价体系，但并没有一种体系能完整区分所有道德情绪。比如，情绪评价的六维度模型并不包括违背规则、伤害他人、不公平感知等维度（Shepherd et al., 2013），而这些认知维度是内疚、羞愧情绪产生的重要条件（Tracy et al., 2006）；也不包括助人意图、成本等维度，而这些认知维度是受助者感激情绪产生的重要条件（Wood et al., 2008）。探索特定刺激下（如亲顾客偏离行为）道德情绪的认知评价维度，对于解释和预测个体情绪反应，以及不同情绪对个体行为意向的影响具有重要作用（张健东 等，2020）。

（2）道德情绪的动机分化功能与交互作用

情绪的动机分化功能强调道德情绪是有机体的基本动力系统，可以放大甚至超越动机直接释放动力信号，引导有机体做出与情绪体验对应的行为决策。例如，慈善捐赠行为中，拥有感激情绪的消费者更愿意对施助者进行互惠性反馈（Baker et al., 2014）。内疚则在绿色消费或营销互动等消费场景中尤其常见，拥有内疚体验的消费者更愿意通过补偿行为来减轻内疚（Antonetti et al., 2014；费显政 等，2011），如抑制个人抱怨或负面口碑传播、与员工或企业保持紧密联系和合作、增加重复购买（Antonetti et al., 2015）。伴随羞愧体验的消费者则会减少购买，甚至不再光顾（费显政 等，2011）。

尽管不同道德情绪会分别对行为产生影响，但特定情绪之间可能存在交互作用，并且这种交互作用是彼此之间的强化效应还是驱逐效应仍未达成一致。McCullough 等（2004）发现感激与内疚、羞愧等道德情绪都受到社会规范这一重要认知维度的影响，提出感激与内疚、羞愧共存构成复杂道德情绪，交互预测行为倾向。部分研究认为内疚和羞愧是功能一致的道德情绪（Allpress et al., 2014；Nelissen et al., 2007；Rees et al., 2013），体验到感激的个体如果同时体验到内疚（或羞愧），就更容易因心怀感激实施互惠（甚至超越互惠）或补偿行为反馈施助者（Desteno et al., 2010），此时内疚（或羞愧）与感激的情绪功能一致，彼此产生强化效应（crowding-in effect）；而大部分研究认为，内疚和羞愧虽然都是对偏离道德标准的负面情绪体验，但二者存在本质区别。

从情绪起源来看，内疚指向行为，源于对不符合道德规范的行为的评价，而羞愧则由指向行为发展为指向个体，源于对内在道德自我的评价，因不符合道德规范行为的严重后果而威胁道德自我；从情绪体验的痛苦程度来看，羞愧的痛苦体验强于内疚，羞愧是一种更强烈、更令人厌恶的情感体验（Lewis et al., 2004；樊召锋 等, 2008；Sheikh et al., 2010）；从情绪体验后的行为结果来看，感到内疚的个体趋于实施补偿行为，而感到羞愧的个体害怕别人对自己的道德审视，倾向隐藏自己的行为，回避人际交往（Tangney et al., 1996）；从情绪的测量方法来看，Cohen 等（2011）开发的内疚和羞愧倾向量表（the guilt and shame proneness scale，GASP），也指出内疚和羞愧属于两种不同的道德情绪。GASP 包含"内疚—消极行为评估""内疚—补救" 2 个内疚分量表和"羞愧—消极自我评估""羞愧—回避" 2 个羞愧分量表，每个分量表均由 4 个题项构成，从情绪指向和与之对应的行为倾向对内疚和羞愧两种道德情绪进行区分性测量。由此推测，体验到感激的个体如果同时体验到羞愧，会抑制自己与亲社会行为的联系，更容易实施退缩行为，逃避情绪产生的情境（Greenbaum et al., 2020；Michl et al., 2014；Rees et al., 2015），此时羞愧不同于内疚，与感激的情绪功能不一致，彼此产生驱逐效应（crowding-out effect）。

5.1.2.3 文献述评

综上所述，现有研究分别从正面效应和负面效应探讨了亲顾客偏离行为对顾客反应的影响，但因局限于单方面作用机制的揭示，仍存在值得进一步探讨的问题：

（1）现有研究忽视了亲顾客偏离行为研究的根源挑战：利他动机和偏离组织规范是亲顾客偏离行为不可分割的两个道德属性，选择其中任何一个属性作为研究的逻辑起点都不利于全面揭示其对顾客反应的影响机制，以此为基础得到的截然相反的研究结论有待商榷。

（2）情绪理论广泛运用于消费行为领域，对于被视为道德折衷行为的亲顾客偏离行为，顾客会根据行为的道德属性，形成特定的道德认知和情绪反应，但鲜有学者从道德认知和道德情感的路径来探究亲顾客偏离行为的多样化反应机制。

（3）感激、内疚、羞愧等道德情绪对消费行为的单独影响得到广泛验证，但道德情绪属于复杂情绪范畴，各特定情绪之间可能存在交互作用，进一步探索彼此之间的交互作用有助于全面揭示道德情绪对消费行为的影响机制，从而提高研究精度。

（4）影响道德情绪产生的个人特质因素和服务情境因素（公开场合和私下场合）的相关研究还比较欠缺，有待进一步完善。

为了解决以上重要但缺乏探讨的问题，本研究旨在系统分析服务接触中亲顾客偏离行为对顾客情绪和行为意向的影响，为理解亲顾客偏离行为的内在作用机制、增强亲顾客偏离行为的正面效应、避免其负面效应提供理论解释和实践指导。

5.1.3　构想模型与理论命题

本研究旨在以"刺激—有机体—反应"（stimulus - organism - response）模型为逻辑主线，以亲顾客偏离行为的双重道德属性为研究视角，基于情绪认知评价理论和情绪功能分化理论，探究道德情绪中介下亲顾客偏离行为对顾客再惠顾意愿的影响机制；此外，探讨不同顾客在认知特质和服务情境下，顾客对亲顾客偏离行为的道德情绪和行为意向反应的差异，构建亲顾客偏离行为的顾客反应模型（见图5-1）。具体研究目标包括：

（1）确立顾客对亲顾客偏离行为的道德认知的评价体系，明晰如何诱发亲顾客偏离行为的道德认知评价，以及诱发哪些特定道德情绪。

（2）探究顾客道德情绪在亲顾客偏离行为与顾客行为反应之间的中介机制。

（3）验证顾客责任归因和服务情境因素对道德情绪及行为反应的调节作用。

（4）探讨对服务接触中员工亲顾客偏离行为的管理策略。

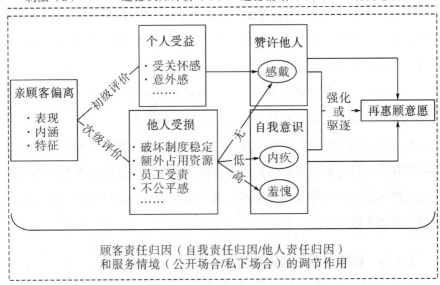

刺激（S）　　道德认知评价（O）　　道德情绪（O）　　行为意向（R）

图 5-1　亲顾客偏离行为的顾客反应机制模型

5.1.3.1　构想一：基于道德认知评价的亲顾客偏离行为的道德情绪反应

情绪认知评价理论强调个体情绪的产生源于对环境刺激的认知评价（Smith et al.，1987），那么顾客对亲顾客偏离行为的情绪反应取决于顾客对亲顾客偏离行为的认知评价。学者们对"亲顾客偏离行为具有利他动机和偏离组织规范的双重道德属性"的观点已达成一致，但针对其双重道德属性的顾客认知评价研究尚浅（Morrison，2006；Vardaman et al.，2014）。根据情绪认知评价理论，个体对道德行为的认知评价分为初级评价和次级评价。初级评价是确认行为与个体的利害关系，次级评价是确认行为是否受控，并由此采取应对方式，如果行为受控，个体将采取改变的行为应对，如果行为不受控，则会进行情绪应对（Smith et al.，1987）。一方面，由于亲顾客偏离行为的首要动机是帮助顾客或维护顾客利益，此时顾客会从感知个人受益的层面对亲顾客偏离行为进行初级评价，将该行为视为促使个人受益的道德行为。评价维度包括受关怀感、意外感等，而上述维度是感激情绪产生的条件（Rudolph et al., 2014）。另一方面，尽管员工是为了帮助顾客或维护顾客利益，但偏离组织正式规范，造成他人受损确是不争的事实，此时顾客会从感知他人受损的层面对亲顾客偏离行为进行次级评价，将该行为视为导致他人受损的不道德行为。评价维度包括额外占用企业资源、员工受责、破坏服务公平等，而上述维度是顾客内疚情绪（guilt）和羞愧情绪（shame）产生的条件（陈英和 等，2015；Harvey et al., 2017）。根据内疚和羞愧的情绪起源差异，如果感知他人受损程度低，顾客仅体验到低强度的亏欠感，即内疚；但如果感知他人受损程度高，顾客会削弱对道德自我的认同，体验到高强度的负罪感，即羞愧。由此提出：

命题1：顾客对亲顾客偏离行为的矛盾认知评价引发复杂道德情绪。具体而言，个人受益的认知评价维度引发顾客感激，他人受损的认知评价维度引发顾客内疚（他人受损程度低）和顾客羞愧（他人受损程度高）。

5.1.3.2 构想二：道德情绪对亲顾客偏离行为与顾客再惠顾意愿关系的中介作用

如前文所述，尽管现有研究分别证实了感激、内疚、羞愧等特定道德情绪对消费者购买行为的影响，但特定道德情绪之间可能存在交互作用。亲顾客偏离引发了复杂道德情绪，顾客感激与内疚、羞愧同时并存，彼此之间情绪功能可能一致（强化效应），也可能不一致（驱逐效应）。因此，考虑从四方面探讨道德情绪对亲顾客偏离行为与顾客再惠顾意愿关系间的中介作用。

（1）感激情绪的中介作用

感激情绪是受助者对施助者及其行为产生的一种正性道德情绪，拥有感激情绪的个体更容易对施助者进行超越互惠层面的反馈（Davis et al., 2016；Layous et al., 2017）。慈善捐赠行为中，拥有感激情绪的消费者更愿意对施助者进行互惠性反馈（Baker et al., 2014）。Gong 等（2020）基于情感事件理论，证实了服务接触中以顾客为导向的建设性偏离行为通过触发顾客感激的情感反应，提高顾客满意度，进而增强顾客忠诚度。此外，Jung 和 Yoo（2019）的研究表明，当顾客感知到员工为帮助顾客而偏离组织规则时，他们会产生受惠感，这种受惠感将进一步促进顾客与员工之间的服务友谊。对于亲顾客偏离行为，作为受助者的顾客，感受到员工对其特殊境遇下个性化需求的关注和满足，自然容易产生感激情绪，出于"投我以桃，报之以李"的心理（Tsang et al.，2019），顾客再惠顾意愿增强。由此提出：

命题2：亲顾客偏离行为引发感激情绪时，顾客再惠顾意愿增强。

（2）内疚情绪的中介作用

内疚是个体意识到个人意念或行为违反了社会或个人认同的道德准则，给社会（他人）带来消极结果或威胁的一种负性情绪体验（Antonetti et al.，2014）。李天则（2018）在挖掘亲顾客偏离行为的顾客心理时，呈现了一名被访者经历。该被访者在加油站买零食，付款时发现差1元钱。了解这一情况后，收银员没有收取他这1元钱。该被访者感到开心但有点内疚，他担心收银员因为帮助了他而陷入麻烦。

虽然作为负性情绪，但内疚具有进化优势和适应性（何华容，丁道群，2016），内疚的个体出于悔过或补偿，个人意念和行为更可能"给予关怀和避免伤害"，有助于加强人际关系（Rees et al.，2013；Sheikh et al.，2010）。Baumeister等（1994）也指出，内疚的功能之一是激发增强关系的行为模式。具体而言，内疚激发了补偿性的行为（Tangney et al.，2007）。内疚在绿色消费或营销互动等消费场景中尤其常见，拥有内疚体验的消费者更愿意通过补偿行为来减轻内疚情绪（Antonetti et al.，2014；费显政 等，2011），如与员工或企业保持紧密联系和合作，抑制个人抱怨或负面口碑传播，增加重复购买等（Antonetti et al.，2015）。可见，对于亲顾客偏离行为，当顾客意识到员工为满足自己的个性化需求而偏离组织规范，给他人带来一定程度的损害，可能产生内疚情绪（Oc et al.，2015），出于补偿心理，顾客再惠顾意愿增强。由此提出：

命题3：亲顾客偏离行为引发内疚情绪时，顾客再惠顾意愿增强。

（3）羞愧情绪的中介作用

虽然羞愧与内疚一样源于违背社会道德准则，给社会（他人）带来消极结果（Nelissen et al.，2007）。但来自社会心理学和神经心理学的大量研究证实，羞愧与内疚存在本质区别（Lewis et al.，2004；樊召锋 等，2008；Sheikh et al.，2010），内疚是指向行为的消极情绪，体验的痛苦之源更轻，补偿即可减轻（Oc et al.，2015），而羞愧的痛苦之源更重，是指向自我的消极情绪，直接威胁道德自我，情绪体验更为强烈、痛苦，更容易逃避、退缩（Greenbaum et al.，2020；Michl et al.，2014；Rees et al.，2015；Sheikh et al.，2010）。

羞愧被认为是一种倾向于回避而不是维持人际关系的不良情绪（Tangney et al.，2007）。伴随羞愧体验的消费者会减少购买，甚至不再光顾（费显政 等，2011）。在 Butori 和 Bruyn（2013）的研究中，其中一位被试描述了自己的亲历感受。在排队过安检前，该被试在机场商店买了一个昂贵的行李箱。看着长长的安检队伍，店员违规给他制作了一张通关便条，这张便条使得该被试和他的妻子绕过安检队伍直接通过安检，省去了90分钟的排队时间。但是，当他回忆起自己绕过数百名乘客直接通过安检时，他把这次经历称为"羞愧之行"。可见，如果顾客感知到为满足自己个性化需求的亲顾客偏离行为导致他人利益严重受损，此时顾客的消极情绪不再是内疚，而是羞愧，出于回避心理，顾客再惠顾意愿削弱。由此提出：

命题4：亲顾客偏离行为引发羞愧情绪时，顾客再惠顾意愿削弱。

（4）内疚、羞愧与感激情绪对顾客再惠顾意愿的交互影响

在伦理消费研究中，常有学者呼吁研究由多种特定道德情感共同反映的情感对行为意向的影响机制（王建明 等，2015），因为特定情绪功能既可以通过叠加形成强化效应（crowding-in effect），也可以通过稀释形成驱逐效应（crowding-out effect），共同中介事件或行为对购买意向的影响（Antonetti et al.，2014）。

感激情绪是指受助者知觉到施助者的施助行为是出于真实意思表达而产生的道德情绪。尤其是，当受助者意识到施助行为需要付出一定成本时，内疚情绪也会伴随而生（Algoe et al.，2008；Valor et al.，2018），此时内疚与感激的情绪功能一致，并叠加感激的情绪功能，强化行为意向。当

受助者意识到施助成本较高，威胁到对道德自我的消极评估时，羞愧情绪也就伴随而生（Harvey et al., 2017；Michl et al., 2014），此时羞愧与感激的情绪功能不一致，并稀释感激的情绪功能，驱逐行为意向形成。因此，感知他人受损程度低的亲顾客偏离行为引发的是感激和内疚共存的复杂情绪，内疚叠加感激的情绪功能，强化顾客再惠顾意愿。感知他人受损程度高的亲顾客偏离行为引发的是感激和羞愧共存的复杂情绪，羞愧稀释感激的情绪功能，削弱顾客再惠顾意愿。由此提出：

命题5：内疚、羞愧与感激情绪共同中介亲顾客偏离行为对顾客再惠顾意愿的影响。具体而言，亲顾客偏离行为引发感激情绪和内疚情绪共存时，顾客再惠顾意愿增强；亲顾客偏离行为引发感激情绪和羞愧情绪共存时，顾客再惠顾意愿削弱。

5.1.3.3　构想三：顾客责任归因和服务情境的调节作用

评价者特质和服务情境是影响道德情绪反应的两个重要调节变量，本研究进一步讨论顾客责任归因和服务情境对亲顾客偏离行为道德情绪和行为意愿的调节作用。

（1）顾客责任归因的调节作用

顾客责任归因是指顾客将行为发生的原因归于自己（自我责任归因）还是他人（他人责任归因）的特质倾向（Ortony et al., 1988）。其在道德情绪产生过程中扮演重要角色。顾客责任归因是调节感激情绪的重要维度。Algoe 和 Zhaoyang（2016）指出，助人情境中的感激情绪产生于受助者把自己的积极状况归功于他人的努力，如果归功于自己的话，感激情绪强度则会下降。

顾客责任归因也是调节内疚情绪和羞愧情绪的重要维度。Fischer 和 Roseman（2007）发现，当偏离道德规范的行为给他人带来伤害时，如果个体认为是自己的原因导致了伤害行为，亏欠感的痛苦源就会由行为本身转向个人，威胁道德自我，痛苦的程度越发强烈，内疚情绪从而转化为羞愧情绪。反之，如果个体认为是他人的原因导致了伤害行为，亏欠感的痛苦源就会由个人转向行为本身，解除对道德自我的威胁，痛苦的程度得到缓解，羞愧情绪从而转化为内疚情绪。

亲顾客偏离虽然是服务型企业的员工为帮助顾客或维护顾客利益而实施的行为，但在线评论等现代口碑生成机制赋予了顾客更多权力（吕兴洋等，2011），顾客经常要求员工通过弹性操作满足其个性化需求，如要求越权打折、加送赠品等，推动员工实施亲顾客偏离行为。当顾客将亲顾客偏离行为进行自我责任归因时，将受益于亲顾客偏离行为的积极状态归功于自己，会弱化感激情绪，但同时也背负亲顾客偏离行为导致他人受损的道德责任，威胁道德自我，加重亏欠感，内疚情绪容易转化为羞愧情绪，在复杂情绪的共同作用下，顾客再惠顾意愿削弱；而当顾客将亲顾客偏离行为进行他人责任归因时，则将受益于亲顾客偏离行为的积极状态归功于他人，会强化感激情绪，同时解除自身背负的导致他人受损的道德责任，减轻亏欠感，羞愧情绪容易转化为内疚情绪（Antonetti et al.，2015；Mcnulty et al.，2019），在复杂情绪的共同作用下，顾客再惠顾意愿增强。由此提出：

命题 6：顾客责任归因调节亲顾客偏离行为对顾客道德情绪和再惠顾意愿的影响。具体而言，顾客的自我责任归因弱化了亲顾客偏离行为引发的感激情绪，内疚情绪转化为羞愧情绪，顾客再惠顾意愿削弱；顾客的他人责任归因强化了亲顾客偏离行为引发的感激情绪，羞愧情绪转化为内疚情绪，顾客再惠顾意愿增强。

（2）服务情境的调节作用

服务接触的公开场合和私下场合是区别内疚情绪和羞愧情绪的情境变量。Cohen 等（2011）认为内疚是一种"私人化"的情绪体验，而羞愧则是"公开化"的情绪体验，羞愧比内疚更关注他人的评价，多产生于有他人在场的公开场合。因此，如果亲顾客偏离行为发生在私下场合，顾客的道德情绪可能不会发生变化。一旦亲顾客偏离行为发生在公开场合，即使感知他人受损程度低，顾客也会因自我监控而审视道德自我，内疚情绪容易转化为羞愧情绪，在复杂情绪的共同作用下，顾客再惠顾意愿削弱。由此提出：

命题 7：服务情境调节亲顾客偏离行为对顾客道德情绪和再惠顾意愿

的影响，相较于私下场合，公开场合下顾客内疚情绪会转化为羞愧情绪，顾客再惠顾意愿削弱。

5.1.4　理论构想的意义

亲顾客偏离行为在服务型组织中广泛存在，顾客对此的响应是服务型组织对此进行引导和管理的首要依据。尽管现有研究对亲顾客偏离行为的正面效应和负面效应都进行了充分探讨，但仅立足于亲顾客偏离行为的利他动机，或仅立足于偏离组织规范的基本事实去分析其影响，难免管中窥豹，得到片面甚至矛盾的结论。为了从根本上剖析亲顾客偏离行为的"双刃剑"效应及机理，本研究抓住亲顾客偏离行为具备的双重道德属性这一逻辑起点，引入道德情绪相关理论，构建亲顾客偏离行为的顾客反应模型，深入探讨顾客对亲顾客偏离行为的道德认知评价、情绪及行为反应。基于上述分析思路，本研究通过三个理论模块，展开讨论亲顾客偏离行为对顾客感激、内疚、羞愧等道德情绪和再惠顾意愿的影响，以及在不同权变条件下的影响差异。理论构想和研究命题的提出具有如下意义。

首先，基于亲顾客偏离行为的内涵特征，借助情绪认知评价理论，提出顾客对亲顾客偏离行为的道德情绪反应包括以感激为主成分的赞赏他人类道德情绪，以及以内疚、羞愧为主成分的自我意识类道德情绪。以往研究大多引入环形情感模型中的情绪变量，如愉悦、惊喜（Wanger et al., 2009）、不满等（Bock et al., 2016），进而验证亲顾客偏离行为的顾客反应，鲜有研究关注到顾客的道德情绪反应。其主要原因在于，以往研究并没有从道德行为的视角来审视亲顾客偏离行为，因而无法触及顾客对此的道德认知评价和情绪反应。本研究特别注意到亲顾客偏离行为的双重道德属性，分别从感知个人受益和感知他人受损的层面，分析顾客对亲顾客偏离行为进行初级评价和次级评价的过程及结果，指出亲顾客偏离行为的利他属性带给顾客的受关怀感、意外感等，从而诱发顾客的感激情绪；而该行为偏离组织规范，容易导致员工在不同程度上受到责罚，或者在不同程度上破坏服务公平，从而诱发顾客的内疚情绪或羞愧情绪。本研究在理论上重塑了亲顾客偏离行为引发的顾客情绪反应的相关命题。

其次，研究基于道德情绪构成的复杂性和矛盾性，借助情绪动机分化功能理论，在讨论感激、内疚、羞愧等特定道德情绪各自中介亲顾客偏离行为和顾客再惠顾意愿的基础上，进一步推论感激与内疚（羞愧）对顾客再惠顾意愿具有交互影响。在现有研究中，特定道德情绪对顾客行为意向的单独影响得到了广泛关注和验证，但道德情绪属于复杂情绪范畴，彼此之间的情绪功能是否一致还有待验证（Greenbaum et al., 2020）。为了全面地理解情绪对亲顾客偏离行为的影响，提高研究精度，本研究分析了感激、内疚、羞愧等特定道德情绪的动机分化功能，提出亲顾客偏离行为引发的感激和内疚都是有助于促进人际关系的道德情绪，二者相互叠加，进一步强化顾客再惠顾意愿；而羞愧是导致人际回避的道德情绪，在亲顾客偏离行为中，与感激的情绪功能不一致，它将稀释感激的情绪驱动力，进而驱逐顾客再惠顾意愿。相关构想和命题拓展并深化了情绪动机分化功能的理论应用。

最后，研究推论了顾客责任归因和服务情境对亲顾客偏离行为与顾客反应关系的调节作用。服务接受者特质（黎建新 等，2014）和消费情境（王毅 等，2020）是影响顾客情感体验和消费决策的重要权变因素。依据归因理论，本研究提出在顾客不同责任归因下，对亲顾客偏离行为的道德认知和情绪反应存在差异。当顾客进行自我责任归因时，将亲顾客偏离行为的积极结果和消极责任都指向自己，此时感激会弱化，内疚向羞愧转化，在复杂情绪的共同作用下，顾客再惠顾意愿削弱；而当顾客进行他人责任归因时，则将亲顾客偏离行为的积极结果和消极责任指向他人，此时感激得到强化，羞愧向内疚转化，在复杂情绪的共同作用下，顾客再惠顾意愿增强。

依据权变理论，本研究认为亲顾客偏离行为在不同服务情境下，对顾客产生的影响也会产生差异。如果亲顾客偏离行为发生在私下场合，顾客的道德情绪很难发生变化。一旦亲顾客偏离行为发生在公开场合，即使感知他人受损程度低，顾客也会因自我监控而审视道德自我，内疚情绪容易转化为羞愧情绪，在复杂情绪的共同作用下，顾客再惠顾意愿削弱。相关理论思考根植于服务接触中的现实问题，在一定程度上为服务管理理论的推进和实践应用做出了贡献。

综上所述，本理论构想的预期实证结论能够为服务型企业提供新的观点，指导管理者正确认识亲顾客偏离行为的属性特征，全面评估亲顾客偏离行为导致的顾客反应，科学判断在当前情境中应该限制还是鼓励员工实施亲顾客偏离行为，从而最大限度地发挥亲顾客偏离行为的积极效应，避免其不良后果。

5.2 亲顾客偏离行为顾客反应的探索性研究

5.2.1 探索性研究目的

根据现有研究，可初步推测亲顾客偏离行为具有"双刃剑"效应。一方面，亲顾客偏离行为能够提高顾客满意度和忠诚度（Gong et al.，2020）。Tung 等（2017）认为，消费者通过参与服务生产和消费从而为企业带来巨大价值。Hu 等（2022）从更广泛的视角出发，发现亲顾客偏离行为可以激发顾客的公民行为，对服务接待企业的长远发展有重大意义。另一方面，亲顾客偏离行为被视为违规行为，不仅会增加服务成本、降低组织效率、危害组织利益（Ghosh et al.，2019），还会对消费者产生不利影响（Blader et al.，2014；Chan et al.，2019）。顾客可能会将亲顾客偏离行为的发生归咎于服务规程不完备或员工没有遵守企业的标准操作流程。此外，服务环境涉及多元主体。在这样的情况下，消费者彼此影响（Danatzis et al.，2022），他们可以观察其他顾客是如何被服务的（Kim et al.，2020）并对此做出反应。研究表明，亲顾客偏离行为可能违背消费者对服务公平的期望，从而导致观察顾客表现出消极反应（Hu et al.，2022）。

尽管已有研究对亲顾客偏离行为的后果展开了探讨，但仍存在以下研究不足。首先，现有研究主要关注到顾客对亲顾客偏离行为的积极反应

（Gong et al., 2020; Jung et al., 2019），忽视了该行为的消极后果，因而难以将亲顾客偏离行为的正面效应和负面效应纳入同一研究框架。值得注意的是，笔者构建了顾客对亲顾客偏离行为的多样化响应理论模型，推进了该研究领域的发展，但模型聚焦涉事顾客，仍无法全面系统地反映顾客的异质化响应。其次，以往有关亲顾客偏离行为的后效研究主要使用定量方法（如情境实验法、田野研究）来验证其研究模型（Boukis et al., 2019; Gong et al., 2020），这些方法可能会存在变量遗漏偏差（Tomarken et al., 2005）和社会期望偏差（Walsh, 2003），而且很难揭示复杂多样的顾客反应。最后，现有研究大多在餐饮或酒店环境下探究亲顾客偏离行为，尚未将研究视野延伸至服务接待业的其他产业，如娱乐、零售以及与旅游相关的其他服务。

为了弥合这些研究缺口，本研究旨在通过定性的方法探索顾客对服务接待业中亲顾客偏离行为的态度反应。Fishbein 和 Ajzen（1975）将态度定义为"个体对特定对象所持有的积极或消极的稳定心理倾向"。由于本研究具有明显的探索性质，因此选择了半结构化访谈作为具体的研究方法。通过这种方法，研究者可以从被试的观点和理解中深入了解某一现象的本质（Flick, 2014）。为了防止整个编码过程缺乏重点，可以将理论框架转换为编码框架（Linneberg et al., 2019）。本研究采用态度的 ABC 模型（Ostrom, 1969）来指导编码，帮助编码者识别一个特定的构念是否属于模型的三个关键成分，并在亲顾客偏离行为的背景下进一步完善对该模型的解释。态度的 ABC 模型已被广泛用于探索被访者对特定对象或现象的态度是如何形成的（Hu et al., 2021; Kwon et al., 2010）。在本研究中，态度的 ABC 模型被用来探索消费者对亲顾客偏离行为的态度。此外，服务体验被定义为"顾客对与其购买行为有关的所有和企业直接或间接接触的认知和情感评估"（Phil Klaus et al., 2012）。亲顾客偏离行为可以被视为顾客与企业互动中的服务接触点，因此顾客可以从"认知—情感—行为意向"的角度来理解顾客如何评价亲顾客偏离行为。

本研究有两个目的：一是从认知、情感和行为三个方面分析消费者对亲顾客偏离行为的态度；二是探讨这三方面的内在联系。本研究为理解消费者对亲顾客偏离行为的认知、情感和行为反应提供了定性见解，丰富了亲顾客偏离行为的后效研究，有助于指导服务业从业人员正确评估亲顾客偏离行为。

5.2.2 文献综述与研究问题提炼

5.2.2.1 顾客对亲顾客偏离行为的认知评价

Boukis（2016）指出，顾客会将亲顾客偏离行为视为员工为他们量身定制的优待。Kim（2009）的研究表明，当顾客获得超出常规服务的特殊待遇时，他们往往会产生优越感。以往研究也表明，员工通过自由裁量给予消费者的优惠待遇会激发顾客的感知优待（Butori et al.，2013）。尽管以往研究已经探讨了顾客如何评价员工提供的优待，但对顾客对亲顾客偏离行为的看法却鲜有探讨。顾客如何看待亲顾客偏离行为是值得研究的一个课题，因为在亲顾客偏离行为的实施情境下，顾客获得的额外利益是以员工违反组织规则为代价的（Jung et al.，2019）。因此，顾客会意识到，员工可能会因这一行为而遭受惩罚，同时这一行为也会增加企业的资源成本。

相关文献表明，负面信息比正面信息对个体的最终判断和印象产生的影响更大（Baumeister et al.，2001）。产生这种正负不对称效应的原因在于，在处理同时包含正面信息和负面信息的信息群时，相比正面信息，个体会更多地关注负面信息，这将使他们产生更多的联想和推理，并构建出更广泛的认知解释（Baumeister et al.，2001）。因此，可以推测，消费者可能会将关注点从亲顾客偏离行为的利他属性转移到亲顾客偏离行为偏离组织规范这一既定事实上。Brady 等（2012）在"贴心服务"研究中强调，一线员工未经授权向朋友或熟人提供免费或打折商品（或服务）的行为是一种有害行为。此外，员工自由裁量的优惠待遇会造成顾客之间的不平等感知（Butori et al.，2013），这可能会引起感知不公平等消极反应（Blader et al.，2014）。由此产生如下研究问题：亲顾客偏离行为是以偏离规则的方式满足顾客的个性化需求，它是否会引发顾客的负面认知（如服务不一致）

呢？要了解顾客如何应对具有双重属性的亲顾客偏离行为的反应，首先需要厘清顾客对亲顾客偏离行为的认知评价。因此，本研究提出了以下研究问题：

RQ1：顾客会对亲顾客偏离行为做出怎样的认知评价？

5.2.2.2　顾客对亲顾客偏离行为的情感反应

情感事件理论（Weiss et al.，2005）认为，事件是情感反应的近端原因，即事件会驱动情绪状态的变化。Gong 等（2020）基于情感事件理论，发现以顾客为导向的建设性偏离行为会让顾客产生感激之情，这与 Boukis（2016）的研究结果相一致。在对亲顾客偏离行为的积极后果进行实证检验时发现，顾客的确更有可能产生愉悦、开心等积极情绪，因为亲顾客偏离行为旨在增加顾客福祉、维护顾客利益。然而，亲顾客偏离行为引发的消极情绪却很少被探讨。

亲顾客偏离行为暴露出企业服务质量不一致（Ghosh et al.，2019），可能会使服务企业的诚信受到质疑。Gong 等（2015）发现，诚信问题会引发愤怒和失望等负面情绪。然而，亲顾客偏离行为是否也会引发类似的情绪反应尚不清楚。此外，亲顾客偏离行为涉及优惠待遇的提供，也可能违背顾客的公平规范（Blader et al.，2014）。遗憾的是，现有的亲顾客偏离行为相关研究很少能考虑到消费者在多主体共存服务场景中的情绪反应，这种服务场景通常涉及组织规则的遵守、服务公平性、一致性和服务效率等要素。综上所述，顾客对亲顾客偏离行为的情绪反应可能是复杂多样的，可能会导致相同或相反效价的情绪同时产生。因此，本研究提出以下研究问题：

RQ2：顾客对亲顾客偏离行为的情感反应是什么？这些情绪的效价是相同的还是相反的？

5.2.2.3　顾客对亲顾客偏离行为的行为反应

顾客是服务的接受者和评价者。他们经常根据自己的消费体验和员工的服务表现来回报或报复企业（Brady et al.，2012；Ho et al.，2020）。当顾客察觉到员工在服务交付中为维护顾客利益而偏离组织规则时，他们可能会因为不平衡的交换而产生内疚感（Jung et al.，2019）。这时，顾客可能会通过与员工或组织建立服务友谊来提高忠诚度（Jung et al., 2019），或者参与角色外行为，如顾客公民行为（Boukis et al., 2019）。

然而，Do 等（2020）提出，顾客对服务质量的不满同样会导致消极的顾客参与行为，包括投诉、传播负面口碑（WOM），转而报复或破坏。此外，违背顾客对服务公平性的基本需求也会带来消极后果（Namkung et al., 2009）。例如，顾客拒绝参与价值共创或角色外公民行为。基于此，可以推断亲顾客偏离行为可能引发顾客不同的行为反应。因此，本研究提出以下问题：

RQ3：亲顾客偏离行为将导致顾客怎样的行为倾向或实际行动？

5.2.2.4　认知、情感、行为反应之间的内在联系

态度通常被定义为个体对刺激的积极或消极反应（Kim et al., 2015）。态度的 ABC 模型认为，态度由三个部分组成，即情感、行为和认知（Ostrom, 1969）。情感是指个体对态度对象的感觉或情绪；行为是指个体对态度对象的行为意向或实际行动；认知是指个体对态度对象的感知或评价（Hu et al., 2021；Kim et al., 2015）。基于层级效应，态度的 ABC 模型进一步强调，态度的形成是这三个成分相互作用的结果（Ostrom, 1969）。

态度的 ABC 模型包括三类主要的层级效应：①标准学习层级（认知—情感—行为）；②低介入层级（认知—行为—情感）；③体验层级（情感—行为—认知）（Solomon, 2011）。本研究选取标准学习层级作为理论指导，探索顾客对亲顾客偏离行为的反应。这是因为，作为一种工作事件，顾客导向的建设性偏离有助于唤醒顾客的情绪（Gong et al., 2020），而与顾客导向型服务交付相关的情绪是顾客满意、忠诚和公民行为的直接前因（Gong et al., 2020；Hu et al., 2022）。因此，本研究遵循标准学习层级，假设个体在对特定对象的既定认知和理解基础上形成情感反应，进而产生相应的行为意图或实际行动。

态度的 ABC 模型已被广泛用于探索消费者态度的形成及内在机制（Hu et al., 2021；Kim et al., 2015）。然而，消费者对亲顾客偏离行为的态度研究仍处于初级阶段。亲顾客偏离行为带来了积极和消极的影响

（Ghosh et al.，2019；Leo et al.，2012），顾客也直接或间接地被这一过程影响。可以推断，顾客对亲顾客偏离行为态度的形成是一个高度复杂的过程。因此，在初步了解消费者对亲顾客偏离行为的认知评价、情感反应和行为反应后，本研究基于态度的 ABC 模型的标准学习层级来探究消费者的认知、情感和行为之间的联系。因此，本研究提出以下研究问题：

RQ4：顾客对亲顾客偏离行为的特定认知、情感和行为反应之间有怎样的内在联系？

5.2.3　研究过程与方法

5.2.3.1　访谈设计与受访样本

鉴于服务营销领域对亲顾客偏离行为关注较少，有关顾客对这种行为的反应研究仍处于起步阶段，定性方法更适用于对复杂社会现象的探索研究（Walsh，2003）。本研究采用半结构化访谈形式来收集顾客对亲顾客偏离行为反应的一手数据。随后对从访谈中获取的大量数据进行客观系统地编码和范畴化（Stemler，2001），从而全面深入地理解这一复杂现象。

由于亲顾客偏离行为涉及被试的隐私和切身利益，研究者向被试承诺会对所有的访谈数据做匿名和保密处理。通过滚雪球抽样，招募近 6 个月内有服务消费经历、年龄在 18 周岁以上的消费者。本研究涉及不同类型的服务企业样本，包括零售和百货商场、餐厅和酒店、旅行社、休闲体育和娱乐以及航空公司，旨在获取多样化的消费体验。

本研究采用线下访谈和线上电话访谈相结合的方式，2021 年 3 月初到 2021 年 9 月底共进行了 60 次访谈。在 60 名访谈对象中，有 8 人未能回答访谈提纲中列出的所有问题。因此，最终保留了 52 名受访者的访谈数据做进一步分析，合格率为 86.67%。受访者的平均年龄为 28.6 岁，其中 53.85% 是女性。61.54% 的受访者拥有本科及以上学历。访谈中根据受访者的回答进行不同程度的追问，并在征得受访者同意的前提下进行录音。

5.2.3.2　数据收集

本研究采用半结构化访谈形式作为调查方法。访谈提纲经过两次修改，以确保受访者在理解访谈问题方面没有困难。受访者要回答一个封闭式（即是/否）问题和四个开放式问题。访谈数据的收集分为三个部分。首先，向受访者解释此次访谈的目的和受访者参与的重要性。其次，向受访者解释亲顾客偏离行为的定义并举例说明。随后，要求受访者回答一个封闭式筛选问题，即他们是否在过去六个月里经历或看到过员工偏离组织规则或程序来帮助顾客的情况。若受访者回答"没有"，则终止后续访谈。接着请通过筛选问题的受访者回忆和描述他们在特定时间和地点遇到的亲顾客偏离行为的详细经过，回答一些他们对亲顾客偏离行为的认识或看法的问题。这些问题包括但不限于：①您如何看待员工的亲顾客偏离行为？②您对员工的亲顾客偏离行为有何感受？③这种亲顾客偏离行为是否会影响您在该企业的服务消费？若是，它是如何影响的？详细的访谈提纲见附录1。最后，受访者提供年龄、教育水平和职业等信息。

　　表5-1展示了亲顾客偏离行为的类型以及从访谈中获得的典型案例。值得注意的是，与其他服务行业（如零售和百货商场）相比，旅游接待业（如餐厅和酒店、旅行社、休闲体育和娱乐以及航空公司）发生亲顾客偏离行为的概率更高。这可能是因为旅游接待业员工与顾客接触的时间相对较长、顾客需求更加复杂多样以及服务环境更加灵活多变。一线员工仅靠遵循各类组织规则（如员工行为准则、服务规程等）难以满足顾客的多样化需求。

表5-1　亲顾客偏离行为的类型及典型案例

类型	行业分布	关键事件
服务调整型偏离	零售业 餐饮业 酒店业 旅行社 航空业	我在优衣库买了一件衣服，想退货，但标签被撕掉了，不符合退货条件。最终员工还是帮我退了货 由于行程突然改变，我将被收取订单金额30%的取消费，但旅行社给我全额退还了孩子的夏令营旅行费用 我迟到了。没办法，我只好插队要求优先退房。员工顶着压力为我办理了退房手续 我注意到自助餐厅的服务员帮助顾客打包食物，这显然是一种违反规则的行为 我发现服装店的一名员工在未经授权的情况下，使用会员的特权向一名非会员提供了不符合条件的折扣

表5-1（续）

类型	行业分布	关键事件
资源占用型偏离	零售业 餐饮业 酒店业 休闲体育娱乐业	我发现一位员工帮助一位会员获得了非会员的购物积分，这样该会员就可以用积分兑换免费礼品 俱乐部工作人员未经授权额外赠送给客户一套价值不菲的礼品 后来我才知道，因为我过度着急将行李落在了机场，酒店员工擅自离岗去机场帮我找行李
服务沟通型偏离	休闲体育娱乐业 零售业 餐饮业 酒店业	员工告诉我，我想买的那一双鞋在另一家店的价格更低 酒店前台告诉我，在第三方预订平台上续订比我直接在酒店前台续订房间便宜 看到我犹豫，员工善意地提醒我，没有必要办理会员卡，因为公司经常会有促销活动，促销价格几乎等同于会员价格

5.2.3.3 编码和数据分析

遵循定性数据分析的三个步骤：熟悉资料、编码和范畴化（Ghosh et al.，2019；Miles et al.，1994）。访谈结束后，将录音转成文本，并进行初步转录，以便后续编码。转录文本进一步被分为两类：受访者直接经历的亲顾客偏离行为文本和受访者间接经历（观察到）的亲顾客偏离行为文本。

在充分阅读文本材料后，两名研究者首先独立将这些文本资料分为认知反应、情感反应和行为反应三类材料。分类过程中遇到的分歧通过讨论得到解决。其次，按照定性数据分析流程（Ghosh et al.，2019；Miles et al.，1994），两名研究者独立进行了开放性编码，并对三个类别的内容进一步分类，两位编码者对编码过程中的分歧进行了讨论。为了减少定性研究中的解释偏差，采用三角印证校正（Patton，1999），即第三位研究者参与到分歧讨论中来，以期提高本研究的信度和效度。最后，基于态度的 ABC 模型的标准学习层级，探寻消费者对亲顾客偏离行为的认知、情感和行为反应之间的内在联系。

为了验证编码的可靠性，本研究使用 R_{wg}、ICC_1 和 ICC_2 作为判断编码之间的内部一致性（IRA）和评分者内部信度（IRR）的衡量指标（Breton et al.，2008）。结果表明，认知（$R_{wg}=0.85$）、情感（$R_{wg}=0.78$）和行为

（$R_{wg} = 0.81$）的内部一致性都较高。同时，认知（$ICC_1 = 0.73$，$ICC_2 = 0.82$）、情感（$ICC_1 = 0.76$，$ICC_2 = 0.80$）和行为（$ICC_1 = 0.75$，$ICC_2 = 0.86$）评分者内部信度也达到较高水平。

5.2.4　质性分析结果

在 52 名受访者中，有 28 名受访者直接经历过亲顾客偏离行为，剩余的 24 名受访者表示他们并没有直接从亲顾客偏离行为中获益，而是在过去的消费经历中观察到了员工的亲顾客偏离行为。以往研究表明，服务交付体系包含多种行动主体，这些主体在服务消费过程中扮演不同角色（Ho et al.，2020）。参考以往研究（Ho et al.，2020；Wu et al.，2014），本研究将经历过亲顾客偏离行为的受访者划分为涉事顾客，将看到过亲顾客偏离行为的受访者划分为观察顾客。相比于员工直接互动的涉事顾客，本研究中的观察顾客并没有直接体验亲顾客偏离服务，而是观察到他人经历了员工的亲顾客偏离行为。本研究将逐一呈现相关范畴的研究结果。

5.2.4.1　涉事顾客对亲顾客偏离行为的认知反应、情感反应和行为反应
（1）认知反应

当受访者谈及他们对亲顾客偏离行为的看法时，15 位受访者的观点与之前有关亲顾客偏离行为作用效果的研究结论相一致（Boukis et al.，2019；Gong et al.，2020）。也就是说，这些受访者基于自我受益来评价亲顾客偏离行为，而忽略了亲顾客偏离行为是一种偏离组织规则的行为事实。访谈中提到了诸如"满足我的需求""被关心""优质服务""得到优待""特别关注"等与自我获益相关的词汇或短语。例如：

员工看我带着小朋友，越权帮我升级了房间，但其实这不是他分内的事，我瞬间觉得这里的服务确实一流，很周到。

我试着提出这个要求，没有抱希望一定会得到回应，但员工说他想想办法。事实上受到特殊关照，于我而言是一种优待。

在对员工热情优质的服务表示赞赏的同时，4 位受访者也表示，亲顾客偏离行为是员工违反组织规则的工作行为，可能会给员工带来麻烦，Gong 等（2020）也提到了这一担忧。此外，5 位受访者还意识到，为了满

足他们的个性化需求而进行的亲顾客偏离行为可能会额外占用组织资源，并且破坏组织的制度稳定性。4 位受访者提到，亲顾客偏离行为使他们将自己得到的额外收益与其他顾客进行比较，赞同亲顾客偏离行为对其他顾客不公平这一观点。以下回答体现了顾客对亲顾客偏离行为的复杂认知。

虽然员工免费为我补充的物品也花不了多少钱，但我知道每个企业都需要成本控制。

那位服务员为了尽快帮我找回行李，付出了很多时间和精力跟机场沟通，而且她长时间离开岗位，可能面临责罚。

我知道插队对其他顾客不公平，但我当时确实赶时间，没有其他办法，员工还是先帮我办理了。

（2）情感反应

在亲顾客偏离行为的情感反应方面，15 位受访者表现出了"愉快""惊喜""满意""开心"等积极情绪。此外，几乎所有受访者都表达了对员工或企业的感激之情。例如：

问题解决了，当然很开心，也很感谢那个员工。

很意外，有点小窃喜，很满意，很感谢。

研究还发现，一些受访者的情绪很复杂。2 名受访者说，尽管他们是受益者，很感激员工，但在其他没有得到同等待遇的顾客面前，又很尴尬。8 名受访者表示同时经历了感激和内疚的情绪。受访者谈到，他们是高兴的，也很感激，但也担心员工可能会受到企业的惩罚，或者其他顾客由于受到不平等对待而产生敌意。有 3 位受访者表示，感激和羞愧的情绪交织在一起。以下是这些受访者的回答：

我有点担心员工会受到责罚，我感到很抱歉，有点内疚。

事后想起来，我觉得很不好意思，很羞愧，现在看来根本就没必要。

有点尴尬，毕竟涉及其他顾客，插队嘛，人家肯定会有意见。

（3）行为反应

关于亲顾客偏离行为对其后续消费行为的影响，受访者表现出不同的反应。大多数受访者表示，亲顾客偏离行为拉近了他们与员工或企业的关系，进而提高了他们的再惠顾意愿。例如：

从那以后，我跟那个员工一直都有联系，看到她发朋友圈推销酒店的粽子、月饼之类的，我会直接找她买。

为了回报企业和员工，8位受访者表示他们会积极参与一些价值共创活动。有的受访者说他们向同事或朋友推荐了企业；有的受访者说他们通过线上或线下的方式为企业提供了正面的体验反馈和改进建议；还有的受访者反馈他们积极参与了企业的营销活动。

当我看到该酒店的促销信息时，我一般都会转发。

如果那个员工需要客人配合开展工作，比如写评论，我一定会写。

后来，我还参加过他们酒店组织的"慈善跑"，他们酒店的企业文化真的很棒，值得推荐。

不过，值得注意的是，有5位受访者表示，他们不会再次光顾该企业或购买该品牌的产品。

老实说，我后来没有再去过，估计员工都记得我，就是觉得有点羞愧，不好意思去面对。

虽然当时的情况比较特殊，但我能感受到别人的目光，那种感觉并不好。虽然我很感激那位员工，但也不愿再联系。

（4）涉事顾客的"认知—情感—行为"联系

研究发现，涉事顾客在评价亲顾客偏离行为时往往会关注自身的利益。由于评价会触发情绪（Lazarus，1991），因此这些顾客无一例外地表达了对员工的感激之情（例如，……我试着提出这个要求，没有抱希望一定会得到回应……最后，我受到特殊关照……很意外……很满意，很感谢……）。然而，只有接近一半的受访者同时考虑到他人受损。Zeelenberg和Pieters（2004）的研究表明，对情境的认知评价决定个体情绪的产生，不同的认知评价会激发个体产生不同的情绪反应。在本研究中，顾客的矛盾认知引发了复杂情绪（例如，……那位员工花了很多时间和精力……帮我找回丢失的行李……她长时间离开岗位，还可能面临责罚……我很感激，但也很抱歉和内疚……）。根据Shoda和Mischel（1996）的观点，一个人经历的事件与个体对该事件的复杂认知与情感元素相互作用，进而影响其行为。态度的ABC模型的标准学习层级反映了情感在认知和行为意向的关系中发挥中介作用（Solomon，2011）。本研究揭示了两种情绪状态——以感激为主的特定情绪以及感激与内疚并存的复杂情绪——可以提升顾客的促进性行为意向，如再次购买和价值共创行为（例如，……我感到……抱歉和内疚……如果那个员工有需要客人配合做的工作，比如写评论，我一定会写……）。另外，两种不同类型的复杂情绪，即感激—羞愧、感激—尴尬，会诱发顾客的回避行为（例如，……我知道插队对其他顾客不公平……有点尴尬……我能感受到别人的目光，那种感觉并不好……我很感激那位员工，但也不愿再联系……）。

5.2.4.2　观察顾客对亲顾客偏离行为的认知反应、情感反应和行为反应

（1）认知反应

在访谈中，当谈及作为观察顾客对亲顾客偏离行为的看法时，24位受访者的看法也各不相同。本研究将观察顾客对亲顾客偏离行为的认知分为三类：感知组织顾客导向、感知利益冲突以及感知企业缺乏诚信正直。在本研究中，感知组织顾客导向是指组织以顾客为中心的程度。在这24位受访者中，只有3人认为这是一种以顾客为导向的关怀行为。

看到自助餐厅服务员给在房间照顾睡觉宝宝的老人打包食物，我觉得员工的行为很温暖，服务非常人性化。

当顾客的个人利益与员工或企业的利益发生冲突时，感知利益冲突得以产生。在本研究中，由于角色的差异，观察顾客更关注亲顾客偏离行为对其自身利益的负面影响。大多数受访者认为，亲顾客偏离行为不仅损害了自己的利益，也损害了同一服务消费环境下其他顾客的利益。有8位受访者表示，亲顾客偏离行为会导致员工花费额外的工作时间和组织资源。他们认为，由于其他顾客占用了原本属于他们的服务时间，他们以及其他同属顾客不得不面临意料之外的服务延迟。此外，亲顾客偏离行为也使得观察顾客将自己获得的服务过程和结果与涉事顾客获得的服务过程和结果进行比较，从而产生服务不公平的感觉。5位受访者表示，亲顾客偏离行为暴露了服务的不公平问题，尽管这一行为对涉事顾客有利，但这也会让大多数在场顾客感到不舒服。总体而言，他们认为亲顾客偏离行为是一种消极的服务行为。

前台员工为那个插队顾客办理退房，这么做对其他顾客来说是不公平的，而且还因为其他原因办理了很久，大家的时间都很宝贵。

8位受访者从亲顾客偏离行为对企业诚信正直的影响方面进行了评价。感知诚信正直是指个体认为企业的行为在多大程度上符合其价值观和道德准则（Mayer et al., 1995; Park et al., 2014）。一些受访者质疑员工服务质量的一致性，并对员工的职责感到困惑。一些受访者表示，他们在与服务提供商互动时会产生心理契约，并期望得到公平对待，但员工的行为破坏了他们对企业的信任，违背了他们与企业之间的心理契约。一些受访者将员工偏离组织规范的原因归咎于监管不力。因此，亲顾客偏离行为可能暴露出企业缺乏诚信，不够正视这一问题，从而给顾客留下负面印象。

看到员工私自用会员信息给那位非会员顾客打折，我觉得他们管理太不规范了，颠覆了我对这个连锁品牌的预期。虽然说是帮会员积分了，但会员信息属于客人隐私，怎么能随便使用呢？

（2）情感反应

3位受访者表现出积极的情感反应，表达了他们对员工及企业的钦佩和赞赏之情。

员工的助人行为体现了服务企业应该具备的服务意识，但并不是所有服务企业都能做到，他们做得很好，值得赞扬。

在看到亲顾客偏离行为后，大多数受访者都表示他们产生了负面情绪。一些受访者说，他们在等候服务时目睹了亲顾客偏离行为的发生，感到被冒犯、很不舒服。受访者还提到了失望和厌恶等负面情绪。例如：

我认为员工的行为不妥当，这种做法很让人讨厌。

遇到这种情况，我很郁闷、烦躁。

酒店竟然允许员工这么做，我对他们的管理很失望，甚至厌恶这种行为，还有点担忧，如果我的卡也被私自使用，我会担心信息泄露。

（3）行为反应

关于亲顾客偏离行为对其未来消费行为的影响，少数受访者表示，他们会再次光顾该企业，或将其纳入自己的考虑范围。

他们服务很周到，很打动我，坚定了我继续回购的想法。

然而，大多数受访者的行为反应却完全不同。一些消费者认为亲顾客偏离行为是一种负向的预期不一致，这种行为会对他们的后续行为产生消极影响。例如，不愿再次购买、产生负面口碑、向其他部门投诉等。受访者还表示，员工以牺牲其他顾客的利益为代价为个别顾客提供超出常规服务的行为让他们感到厌恶，因此他们回避与企业进一步互动，也不愿投入时间和精力履行顾客公民行为，如提供反馈或推荐。

管理如此不规范，直接促使我不再回购。

这段经历很奇葩，我当时就发了朋友圈，一是发泄情绪，二是让更多人警惕。

酒店在进行电话回访时，我都不想反馈，我觉得没意义，这种管理只是流于形式。

（4）观察顾客的"认知—情感—行为"联系

在态度的 ABC 模型指导下，继续分析各类积极和消极认知、情感和行为之间的关系。Lazarus（1991）认为，个体对刺激的情绪反应更多地受到其主观认知评估的影响，而非刺激本身。基于此观点，本研究揭示了感知组织顾客导向会引发积极情绪，如赞赏和钦佩，进而增强顾客的（再）购买意向（例如，……我注意到自助餐厅服务员给在房间照顾睡觉宝宝的老人打包……员工的行为很温暖，服务非常人性化……他们做得很好，值得赞扬……坚定了我继续回购的想法……）。同时，负面认知会使人产生负面情绪和消极的行为反应。当受访者认为自己的利益受到威胁时，他们就会产生不满情绪（例如，……前台员工为那个插队顾客办理退房……这对其他顾客来说是不公平的……大家的时间都很宝贵……我很郁闷，烦躁……）。如果顾客认为企业缺乏诚信正直，则更有可能引发失望和厌恶（例如，……看到员工私自用会员信息给那位非会员顾客打折，我觉得他们管理太不规范了……会员信息属于客人隐私……我对他们的管理很失望，甚至厌恶这种行为……）。在负面情绪的驱动下，这些受访者反映他们会抑制顾客忠诚行为或公民行为（例如，……很失望，讨厌这种行为……酒店在进行电话回访时，我都不想反馈……）。图 5-2 概括了顾客对亲顾客偏离行为的认知、情感和行为反应。

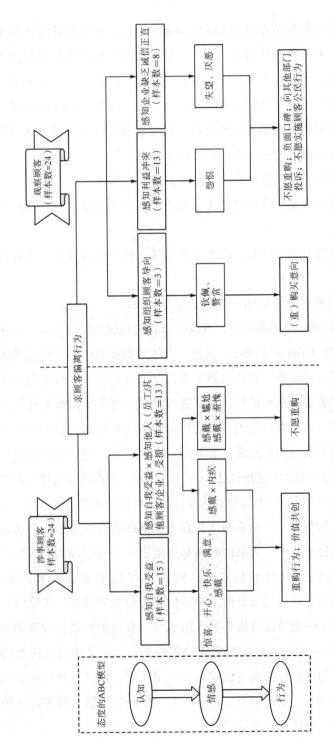

图 5-2　顾客对亲顾客偏离行为的认知、情感和行为反应

5.2.5　探索性研究发现和理论贡献

5.2.5.1　结论与讨论

通过对消费者进行半结构化访谈，本研究发现，亲顾客偏离行为是服务业的一种普遍现象，在激发消费者心理和行为方面发挥着重要作用。这一发现与 Ghosh 和 Shum（2019）之前的研究结果一致，他们对酒店业细分市场中不同工作岗位的一线员工进行了访谈，结果表明，酒店业员工亲社会违规行为背后的共同意图中，约有一半是为了改善对顾客的服务，提升顾客的服务体验。与零售业通过销售实物产品获得收入不同，旅游接待类企业主要销售无形服务。因此，旅游接待类企业员工更有可能实施亲顾客偏离行为以满足顾客的多样化需求，从而提升顾客满意度和忠诚度。

如表 5-2 所示，本研究还提供了对不同顾客群体态度形成的质性研究结论。研究表明，顾客对亲顾客偏离行为的看法并不总是积极的，有证据表明会产生反作用。本研究表明，大多数涉事顾客会积极评价亲顾客偏离行为（即感知到自我受益）并产生感激之情，从而推动他们产生再次购买行为。这一发现与 Gong 等（2020）的部分观点一致，他们分析了餐饮业亲顾客偏离行为的后果，认为以顾客为导向的偏离行为会带给顾客积极的认知和评价。

本研究发现，一些涉事顾客表现出矛盾的看法。他们从感知个人受益和感知他人受损两方面对亲顾客偏离行为进行评价。此外，本研究还揭示了亲顾客偏离行为背景下的混合情感，为 Hu 等人（2021）提出的概念框架提供了定性证据。一方面，涉事顾客对有形或无形的额外利益心存感激。另一方面，他们对损害员工、观察顾客、企业利益的行为感到内疚，甚至感到尴尬和羞愧。

表 5-2 对不同顾客群体态度形成的质性研究结论

顾客角色	态度要素	反应归纳	已有推论或结论	本研究结论
涉事顾客	认知	感知自我收益	关注感知利益 （Hu et al., 2021b）	对亲顾客偏离的认知反应与感知自我受益相关，也同时伴随感知他人受损
		感知自我收益×感知员工/其他顾客/企业受损	可能会对亲顾客偏离形成综合认知评价 （Hu et al., 2021b）	
	情感	惊喜/满足/喜悦/感激	以顾客为导向的建设性偏差会让顾客产生感激之情 （Gong et al., 2020）	除感激之外，对亲顾客偏离行为产生其他积极情感特定的积极情感反应
		感激×内疚/尴尬/羞愧	优势消费者经常会经历复杂的情绪 （Kukar-Kinney et al., 2014）	亲顾客偏离行为激发了顾客的混合道德情绪
	行为	回购行为/价值共创	顾客导向型偏离间接提高顾客忠诚度 （Gong et al., 2020）	对亲顾客偏离行为产生积极的行为响应，如价值共创
		不愿再次光顾	亲顾客偏离可能对顾客再惠顾意愿产生"双刃剑"效应 （Hu et al., 2021b）。	
观察顾客	认知	感知组织顾客导向/感知利益冲突/感知信任缺失	无支持性证据	揭示了顾客认知反应的三种类型
	情感	钦佩/赞赏	无支持性证据	对亲顾客偏离的情感反应以道德情感为主
		愤慨		
		失望/厌恶	亲顾客偏离引发观察顾客的反感 （Hu et al., 2022）	
	行为	购买意向/重购意向	无支持性证据	引发其他顾客对亲顾客偏离行为的积极反应
		不愿意再次购买/负面口碑传播/抱怨/拒绝实施顾客公民行为	亲顾客偏离会减少观察顾客的公民行为 （Hu et al., 2022）	对服务企业造成潜在伤害，补充了 Hu 等 （2022） 的研究

亲顾客偏离行为研究：形成、后效与干预

本研究初步证实了理论构想中的结论，即复杂的情绪会在不同程度上促进或抑制顾客的后续消费行为。在感激和内疚的混合情绪方面，内疚感可转化为实施补偿行为（如价值共创行为）的动力。这种积极的反弹效应在一定程度上支持了 Jung 和 Yoo（2019）的观点，他们认为顾客内疚促进了服务友谊。此外，这一发现还反映了两个高度相关的概念："公正的旁观者"和"面子观"。这两个概念意味着，个人倾向于用别人的眼光来审视自己的行为是否得体。在本研究情景下，涉事顾客关心同一服务场景中的观察顾客如何看待他们，他们希望获得认可或尊重。因此，除了感恩，他们还经历了羞愧、尴尬。因他人不赞成而产生的羞愧感可能会盖过对员工的感激之情，从而导致回避行为。

这项研究还确定了观察顾客对亲顾客偏离行为反应的认知、情感和行为成分，这是一个受到较少关注的研究领域。与涉事顾客不同，观察顾客对亲顾客偏离行为的认知反应主要是负面的，体现为感知利益冲突和感知诚信缺失。可提取–可诊断性模型能够提供合理解释，该模型假设消费者更有可能依赖高度可提取和可诊断信息来做出总体判断，并且更多的可诊断信息可能会盖过其他信息的影响。在涉事顾客受到优待的情况下，亲顾客偏离行为作为利他行为的事实比其作为一种偏离行为的事实更有可能被检索为可诊断信息。然而，作为亲顾客偏离行为非直接受益者的观察顾客，不太可能认为亲顾客偏离行为是出于好意。因此，他们倾向于将亲顾客偏离行为视为诊断线索，进而表现出怨恨和厌恶等负面情绪。

在行为反应方面，观察顾客不太可能回购和实施顾客公民行为，而更倾向于抱怨或传播负面口碑。还需要注意的是，亲顾客偏离行为可能会赢得部分观察顾客的好感，因为它彰显了企业高度的顾客导向和服务意识，这意味着亲顾客偏离行为可以塑造企业的品牌形象，并激发再次购买意愿。

总体上，探索性研究揭示了直接体验过和看到或听到过亲顾客偏离行为的顾客反应差异。一般来说，涉事顾客表现出更积极的反应，而观察顾客表现出更消极的反应。在认知成分方面，观察顾客产生了积极或消极的评价，而涉事顾客则产生了矛盾的感知，如感知自我受益和感知他人受损共同存在。这两组顾客之间认知反应的差异也导致了随后的情感反应的差异。涉事顾客更有可能表现出具有交叉效价（cross-valence）的复杂情绪。在行为反应方面，大多数涉事顾客愿意回购或参与积极的角色外行为，如参与价值共创，而大多数观察顾客表现出负面行为，例如抱怨。

此外，本研究表明，消费者对亲顾客偏离行为的态度遵循 Ostrom（1969）提出的态度的 ABC 模型的标准学习层次（即认知—情感—行为）。研究发现，认知（如感知自我受益、感知利益冲突）会激发道德情绪（如感激、厌恶），而道德情绪会进一步影响顾客的行为（如重购）。值得注意的是，无论是涉事顾客还是观察顾客，都会对亲顾客偏离行为产生一种道德凝视。本研究提出认知代表思维，体现在对亲顾客偏离行为的道德判断和认知中，如感知他人受损、感知信任缺失，并作为道德情绪和行为反应的前因变量。情感反应为道德情绪，如内疚、羞愧，是主导情感反应；道德情感是对影响自身或他人利益或福祉的道德行为、道德违规行为的情绪反应，是认知与行为之间的桥梁。

5.2.5.2 理论贡献

首先，本研究采用半结构化访谈形式作为数据收集方法，从涉事顾客和观察顾客的视角探寻了消费者对亲顾客偏离行为的态度，通过提供定性证据丰富了现有亲顾客偏离行为后果的研究。以往研究主要聚焦于接受过亲顾客偏离行为的涉事顾客（Hu et al., 2021b；Jung et al., 2019），而本研究拓展了现有文献，回应了 Leo 和 Russell-Bennett（2012）的研究呼吁，他们指出研究者不仅要关注受益于亲顾客偏离行为的顾客，还应该关注其他主体的感知。

大量研究表明，亲顾客偏离行为会引发积极的顾客反应（Gong et al., 2020；Jung et al., 2019），有关亲顾客偏离行为消极后果的研究很少。本研究是为数不多的运用定性方法揭示亲顾客偏离行为如何对涉事顾客和观察顾客产生"双刃剑"效应的研究之一。本研究补充了理论构想中关于亲顾客偏离行为对涉事顾客的"双刃剑"效应的研究命题，还揭示了亲顾客偏离行为"双刃剑"效应的其他替代性解释机制，为以往研究提供了重要补充。

其次，这项研究识别出观察顾客对亲顾客偏离行为认知反应的三个尚未涉足的研究领域，补充了以往关于亲顾客偏离行为的后效研究。这三个方面包括对个人利益的负面认知（如感知利益冲突）、对组织的正面认知（如感知组织顾客导向）和对组织的负面认知（如感知企业缺乏诚信正直），为未来定量探讨观察顾客对亲顾客偏离行为的反应提供了理论基础。

再次，本研究发现，大多数顾客对亲顾客偏离行为的情绪反应可以归类为道德情绪。本研究识别出特定道德情绪（如钦佩、羞愧）和相反效价的复杂情绪（如感激与内疚共存、感激与尴尬共存）。现有文献已经讨论了亲顾客偏离行为如何驱动单一的道德情绪（Gong et al., 2020；Hu et al., 2022）。然而，对亲顾客偏离行为情境下的复杂（或矛盾）情绪的研究却很少。这项研究揭示了复杂情绪的复合效应，与理论分析结果一致，丰富了关于亲顾客偏离行为情绪反应的文献，也补充了关于服务环境中复杂情绪的研究成果。

最后，以往研究主要使用社会交换理论来理解顾客对亲顾客行为的反应（Jung et al., 2019），而本研究通过使用态度的 ABC 模型对现有理论框架进行了补充，为顾客对亲顾客偏离行为反应的三个关键成分之间的层级关系提供了证据。具体而言，本研究提供了一种更深入的方法来解释对亲顾客偏离行为的每种认知评价如何引发特定情绪和行为意向，并为复杂情绪的影响结果提供了一定见解。

5.3 亲顾客偏离行为顾客异质性响应的实验研究

5.3.1 实验研究的缘起

关于亲顾客偏离行为顾客反应的理论构想和探索性研究发现，为验证亲顾客偏离行为实际后效奠定了理论基础和研究思路。一是探索性研究表明，需要将顾客进行有效区别。涉事顾客和处于同一服务场景中的观察顾客对亲顾客偏向行为具有不同的认知、情感和行为意向差异，因此实证研究设计时需要充分考虑顾客的角色分化。二是理论构想发现的道德认知评判和情绪反应在探索性研究中得到初步验证，有必要挖掘不同顾客对亲顾客偏离行为的道德认知评价和情感反应变量，以揭示亲顾客偏离行为对顾客的内在影响机制和具体路径。

亲顾客偏离行为具有的"利他动机"和"偏离组织规范"的双重道德属性（Boukis，2016；Hu et al.，2021；Leo et al.，2012；Morrison，2006；Vardaman et al.，2014），服务管理者常常因此左右为难。根据社会交换理论（social exchange theory）的互惠原则（Coulson et al.，2014；Homans，1958），一方面，亲顾客偏离行为满足了顾客的个性化需求，可以促进顾客的积极互惠，顾客更可能产生忠诚行为（Gong et al.，2020）；另一方面，亲顾客偏离行为可能导致消极互惠（Cropanzano et al.，2005）。这是因为员工偏离组织规范的事实可能会让顾客质疑企业的服务规程、服务一致性和服务交付的公平性（Ghosh et al.，2019）。鉴于亲顾客偏离行为可能是一把"双刃剑"，顾客对员工"明知故犯"的行为的认知、体验和响应是判断服务初衷能否实现的关键，也是服务企业如何管理员工亲顾客偏离行为的重要依据。基于此，本研究将实证检验顾客对服务业亲顾客偏离行为的真实反应。

亲顾客偏离行为是员工的角色外行为，超越了组织规范和员工的工作要求（Leo et al., 2012）。根据社会交换理论，顾客也可能参与角色外行为作为回报。因此，本研究将顾客公民行为（customer citizenship behavior）作为因变量来探讨顾客对员工亲顾客偏离行为的反应。顾客公民行为是顾客在服务交付期间或之后的各类自愿且可自由支配的角色外行为（Assiouras et al., 2019；Tung et al., 2017），包括向企业提供反馈（providing feedback）、推荐（recommendations）以及帮助其他顾客（helping customers）三个维度（Groth, 2005）。这些行为比产品使用或产品回购等角色内行为更重要，因为它们可以帮助企业与顾客建立强大而持久的联系，实现可持续发展目标，同时并没有对服务的成功交付做出严格的要求（Mitrega et al., 2022）。因此，了解亲顾客偏离行为与顾客公民行为之间的关系对于服务企业构建可持续的顾客关系更有意义。

值得特别注意的是，前文探索性研究再次证实，同一个服务交互场景中的顾客具有异质性（Danaher, 1998），可能对同一员工的行为产生不同的评判。顾客的异质性主要体现在两个方面。一是顾客的角色差异。服务消费场景中的顾客包括涉事顾客和观察顾客（Assiouras et al., 2019；Fei et al., 2013；Ho et al., 2020）。其中，涉事顾客为亲顾客偏离行为的参与者，观察顾客为亲顾客偏离行为的观察者。有限的研究更多关注作为当事人的涉事顾客，却忽视了作为旁观者的观察顾客。角色理论认为在特定情境下，角色是引导个体行为的社会线索（Solomon et al., 1985），因此角色分化可能引发完全相反的个体反应。本研究推测顾客由于角色和立场不同，对亲顾客偏离行为的属性的感知、情绪和行为反应也不相同（Boukis, 2016）。二是顾客与企业的关系存在差异。根据营销情境下"关系导向"的观点，顾客与企业之间的关系分为共有关系和交易关系（Aggarwal, 2004）。营销研究认为，顾客与企业的关系是影响顾客反应的重要调节变量（Gao et al., 2021；Hur et al., 2016），因而可能在很大程度上影响亲顾客偏离行为的作用效果。为了全面地认识和理解亲顾客偏离行为的"双刃剑"效应，本研究将基于涉事顾客和观察顾客的双视角，探究亲顾客偏离行为对顾客公民行为的影响路径。进一步考虑涉事顾客和观察顾客与企业之间的关系范式，比较不同关系规范下，顾客对亲顾客偏离行为的认知评价及行为反应的差异，全面分析顾客对亲顾客偏离行为的异质性响应。

认知评价理论认为，个体的情感反应源于对人—环境关系的认知评价（Lazarus，1991）。本研究运用这一理论来揭示亲顾客偏离行为与顾客公民行为之间关系的内在机制。具体来说，本研究将消费者对亲顾客偏离行为这一外界刺激的认知评价和消费者由此产生的道德情绪作为亲顾客偏离行为与顾客公民行为之间的中介变量。此外，以往研究表明顾客—企业关系（共有关系/交易关系）经常作为影响消费者反应的重要调节变量（Kingshott et al.，2020），因此本研究还探讨了不同类型的关系规范如何以不同的方式影响涉事顾客和观察顾客对亲顾客偏离行为的反应。

前文有关亲顾客偏离行为发生场景的调研结果显示，超过一半的亲顾客偏离行为发生在接待业，与 Leo 等学者在澳大利亚的调查结果一致（Leo et al.，2014）。Ghosh 和 Shum（2019）的研究也表明，几乎一半的接待业员工出于改善对顾客服务的目的而做出亲社会违规行为。由于接待业具有服务项目多和服务范围广的特点，就要求接待企业在很大程度上依赖正式的组织制度，以确保服务的标准化和稳定性（Hui et al.，2004；King，1995；Tanford et al.，2012）。然而，顾客需求的多样化和个性化对接待服务提出了更高的要求（Chen，2016），相较于以实物商品为主要利润来源的零售业，接待业更多依靠无形服务盈利（Chen，2016；Tanford et al.，2012），更需要及时响应顾客的多样化、个性化需求。显然，不完备的服务制度很难覆盖现实中复杂多变的服务情境（Chen，2016），员工需要更加灵活地执行自由裁量行为来满足顾客的特定需求，因此，亲顾客偏离行为在接待业中的发生频率相对较高。

综上所述，本研究以接待业中的全服务型酒店为行业背景和实验场景设置，探究顾客对亲顾客偏离行为的差异化反应。研究基于社会交换理论与认知评价理论，以亲顾客偏离行为的双重道德属性为逻辑起点，分别从涉事顾客和观察顾客两条路径，讨论亲顾客偏离行为对顾客公民行为的差异化影响，揭示道德认知和道德情绪在亲顾客偏离行为与顾客公民行为之间的内在中介机制，探明顾客—企业关系对亲顾客偏离后效的调节作用。研究拓展了社会交换理论和认知评价理论在旅游服务营销领域的应用，丰富了亲顾客偏离行为和道德情绪的相关研究，并为全服务型酒店等服务型组织深入理解和管控员工的亲顾客偏离行为提供理论依据和实践指导。

实验研究的主要目的如下：

第一，实证检验亲顾客偏离行为对涉事顾客和观察顾客的公民行为的差异化影响。以往有关亲顾客偏离行为的顾客反应研究主要从涉事顾客的视角探讨该行为的积极影响，很少关注到同一个服务交互场景中的观察顾客，忽视了亲顾客偏离行为可能的"双刃剑"效应。本研究基于涉事顾客和观察顾客的双视角，探究顾客对员工的亲顾客偏离行为的异质性响应。

第二，验证涉事顾客的感知优待和感激情绪在亲顾客偏离行为和顾客公民行为关系间的链式中介效应。本研究借助认知评价理论考察涉事顾客面对亲顾客偏离行为的心理反应，解释涉事顾客做出相应行为反应的原因。

第三，验证观察顾客的心理契约违背和厌恶情绪在亲顾客偏离行为和顾客公民行为关系间的链式中介效应。本研究不仅关注到服务消费场景中的观察顾客，而且从更深层次挖掘观察顾客对于亲顾客偏离行为的心理感知过程。

第四，检验顾客（涉事顾客/观察顾客）与企业之间的关系规范（共有关系/交易关系）在亲顾客偏离行为与顾客反应之间的调节效应。根据营销情境下"关系导向"的观点，顾客—企业关系可能在很大程度上影响亲顾客偏离行为的作用效果。因此，本研究引入关系规范作为调节变量，讨论不同顾客—企业关系对消费者反应的影响。

5.3.2　实验研究的理论基础

5.3.2.1　社会交换理论

社会交换理论（social exchange theory）是社会心理学中最具有影响力的理论之一。该理论认为，社会行为的本质是交换，这种交换不仅是物质交易，还包括非物质的社会交换，比如支持或认可等（Homans，1958）。社会交换理论假设行动者的行为决策依赖于其他行动者的行为（Coulson et al.，2014）。当个体感知到自己在社会交往中获益时，他们有义务对积极的待遇做出回报（Homans，1958）。相反，当个体受到不利对待（Eisenberger et al.，2004）或观察到他人的不良行为（Yoeli et al.，2013）时，他们会通过报复或惩罚来对不利待遇做出反应。社会交换理论的互惠原则被广泛用于解释社会中的互动行为，不仅运用于个体间互动，如组织行为中的员工—领导互动、消费者行为中的顾客间互动，还适用于解释个体与品牌或企业间的互动，如组织中的员工—企业互动、消费者行为研究中的慈善捐赠和绿色消费。员工与顾客都是服务交付中的行动者，亲顾客偏离行为能够产生顾客反应（Assiouras et al.，2019；Tung et al.，2017）。社会交换理论为探索亲顾客偏离行为与顾客公民行为之间的关系提供了理论解释。

5.3.2.2　认知评价理论

认知评价理论揭示了情绪产生的原因及影响的结果，认为情绪的产生来自人与环境的相互作用，个体对外界环境刺激的认知评价决定了其情绪反应（即情绪激发过程），并且情绪具有动机功能，能够随之诱发相应行为（即行为完成过程）（Lazarus，1991）。不同的人对同一刺激可能有不同的解释和反应（Choi et al.，2018）。Loo等（2021）运用认知评价理论探讨了接待企业员工在遭遇顾客投诉时的认知评价、情绪激发、情绪应对行为和投诉处理行为。Ying等（2021）注意到某些客人对酒店普遍不信任这一社会现象，通过对微博帖子的内容进行分析发现，客人的应对过程包含对酒店潜在威胁的认知、情感和行为成分；而且在定性研究的基础上，基于认知评价理论提出了一个研究模型，并使用结构方程模型实证检验了该模型。研究结果阐明了普遍不信任引发酒店客人防御性应对行为的内在机制，为认知评价理论中的"认知—情绪—应对行为"模式提供了实证支持。如前所述，亲顾客偏离行为是一种兼具利他动机和偏离组织规范的双重道德属性的刺激事件，同一服务场景中的涉事顾客和观察顾客因为角色差异对上述刺激的关注侧重点不同，可能形成不一样的认识和评价，由此产生不同的情绪体验和后续行为。因此，本研究基于认知评价理论探讨亲顾客偏离行为和顾客公民行为关系间的内在机制。

5.3.2.3　角色理论

角色理论是以戏剧隐喻为基础的，它是研究一个特定的部分被恰当地表演（角色扮演）的程度，这一程度由其他参与者和观察者的反应决定。已有研究认为服务交付是二元的，并从角色理论的视角探讨了服务环境中的服务提供商和作为服务接受者的顾客间的互动（Solomon et al., 1985）。然而，需要注意的是，角色理论最初将个体分为三类：表演者、其他参与者和观察者。将这一理论运用到服务环境下，这三类个体分别对应作为服务主体的员工、作为服务客体的涉事顾客和作为第三方观察者的观察顾客。现有研究已经意识到顾客角色分化这一点。对顾客间互动和顾客不当行为的相关研究将服务消费场景下的顾客分为涉事顾客和观察顾客（Ho et al., 2020；Wu et al., 2014）。涉事顾客是特定行为的参与者；观察顾客是这一行为的观察者，即与涉事顾客处在同一个服务消费情境下的其他顾客。费显政和肖胜男（2013）运用关键事件法和扎根理论，分析了在面对顾客不当行为时，观察顾客的反应模式及其影响因素和机制。Ho 等（2020）借鉴角色理论，通过三个实验探讨了在经历酒店的服务失败后，涉事顾客与不同的服务补救源（企业员工、服务机器人和其他顾客）之间的互动如何影响他们的服务体验。Wu 等（2014）关注到服务接待业（咖啡馆、酒馆和餐厅等）中十分常见的现象——顾客领地行为（territorial behavior），研究了某些顾客的领地行为（特别是在公共场所拒绝与另一些顾客共享一张桌子的行为）对观察顾客的情绪体验、公平感知和满意度的影响。

亲顾客偏离是一线员工对某些顾客给予恩惠的角色外行为，有限的研究更多关注作为行动者的涉事顾客（Gong et al., 2020），聚焦于直接受益的涉事顾客的积极反应，却忽视了作为旁观者的观察顾客，他们如何看待员工对涉事顾客的亲顾客偏离行为仍不得而知。然而，角色理论认为，在特定情境下，个体所扮演的角色会引导其做出与角色一致的行为（Solomon

et al.，1985），因此角色分化可能引发完全相反的个体反应。本研究假设顾
客由于角色和立场不同，对亲顾客偏离行为的属性的感知、情绪和行为反
应也不相同。

5.3.3　研究假设和模型构建

5.3.3.1　亲顾客偏离行为与顾客公民行为

顾客公民行为这一构念来自组织行为领域，是由组织公民行为拓展而
来的，行为的主体由组织内的员工延伸到组织外的顾客。顾客公民行为是
指顾客面向企业实施的各类自愿且可自由支配的角色外行为，具体表现为
向企业提供反馈、进行推荐以及帮助其他顾客（Groth，2005）三个维度。
这种行为不是服务交付过程中所必需的，但它会对服务组织的长远发展提
供强有力的帮助，如改善服务质量、提高服务效率、提升其他顾客消费体
验（Bove et al.，2009）。

现有研究表明，顾客公民行为主要受企业员工行为（如员工的公民行
为、服务人员的友善行为等）（Yi et al.，2008；Boukis et al.，2019）、其他
顾客行为（其他顾客的支持行为）（Rosenbaum et al.，2007）和顾客自身
心理行为（顾客公平感知、信任、顾客参与等）（Bove et al.，2009）的影
响。其中，企业员工行为和顾客自身心理行为主要影响顾客公民行为中
“向企业提供反馈”和“进行推荐”的行为表现，如 Yi 和 Gong（2008）
基于互惠规范，证实了服务场景中员工自主决定地帮助他人的行为会促进
顾客公民行为的发生，顾客满意和顾客忠诚在这一影响过程中发挥了中介
作用。此外，Bove 等（2009）的研究也表明，在员工那里感知到仁慈，顾
客更愿意实施顾客公民行为（Bove，2009）。而其他顾客行为主要影响
“帮助其他顾客”这一行为表现（Rosenbaum et al.，2007）。本研究中的顾
客公民行为没有关注“帮助其他顾客”这一维度，原因在于“帮助其他顾
客”是顾客面向其他顾客的行为，属于顾客与顾客之间的互动，这种行为
的发生除了受顾客自身因素的影响外，更多地受顾客对其他顾客感知的影
响，与服务型企业员工的亲顾客偏离行为的关联性较小。

亲顾客偏离行为发生的服务场景，既包括作为行动者的涉事顾客与员工间的直接互动，也包括作为观察者的观察顾客与员工间的间接互动，如非言语交流的观察（Puccinelli et al., 2010）。个体通常根据自己在一个情境中的角色（行动者或观察者）展示不同的注意力模式（Malle et al., 2001），并采用基于情境的信息（Menon et al., 1995）来形成行为决策。可提取性–可诊断性模型（accessibility-diagnosticity model）指出，消费者的判断和选择是基于信息的可提取性或可诊断性（Feldman et al., 1988），这可以作为一个理论框架来解释为什么行动者（涉事顾客）和观察者（观察顾客）对亲顾客偏离行为的反应不同。可提取性是指有可能被用于决策的信息从记忆中提取出来的难易程度；可诊断性是指给定信息与所做决策的相关程度（Aaker, 2000）。消费者倾向于依赖高可提取性和高可诊断性的信息来做出认知决策，高可诊断性的信息可能会挤出其他低可诊断性信息的影响（Feldman et al., 1988；Wang et al., 2013）。作为行动者，个体主要关注自己的体验，而作为观察者时，个体则主要关注他人的行为（Malle et al., 2001）。

在本研究中，帮助顾客和偏离组织规范都可以被视为顾客评估员工表现的诊断线索。涉事顾客在与一线员工的直接互动中获得了积极待遇，他们倾向于关注自己的体验（Malle et al., 2001）。相较于亲顾客偏离行为是一种偏离组织规范的行为，亲顾客偏离对顾客有利这一事实更有可能被涉事顾客用作评估判断的诊断输入。换句话说，涉事顾客认为亲顾客偏离行为是员工将顾客利益置于自身利益之上的"善意"举动，员工不惜偏离组织规范为其创造了更多的价值和更好的消费体验（Boukis, 2016；Gong et al., 2020；Morrison, 2006）。根据社会交换理论的互惠规范（Cropanzano et al., 2005；Homans, 1958；Tung et al., 2017），当顾客感知到员工的善意和实际获得的利益时，他们更愿意付出额外的时间及精力与企业互动，实施更多的顾客公民行为作为回报（Assiouras et al., 2019；Bove et al., 2009）。比如，愿意对员工的服务进行点评和口碑推荐，为企业提供一些对其发展有利的建议。

然而，观察顾客并非亲顾客偏离行为的直接受益者。对观察顾客而言，他们倾向于关注其他行动者的行为（Malle et al., 2001）。考虑到观察顾客不太可能将员工的行为视为亲顾客的表现，"亲顾客偏离行为是利他的"这一信息可能被视为低诊断性的线索。在这种情况下，观察顾客在评价员工行为时，更可能关注"偏离组织规范"这一诊断线索。从更广泛的视角看，消极偏见理论假设在积极和消极元素的组合中，消极元素往往是显著的、强大的、占主导地位的（Carlos et al., 2020；Rozin et al., 2001）。综上所述，观察顾客倾向于将亲顾客偏离行为视为一种偏离组织规范的消极行为，而非利他行为。一方面，亲顾客偏离行为可能会给观察顾客留下负面印象，这是因为他们可能将亲顾客偏离行为的发生归咎于企业管理机制存在问题（Carlos et al., 2020；Rozin et al., 2001）；另一方面，顾客在决策过程中更重视潜在损失而非潜在收益（Peeters et al., 1990）。亲顾客偏离行为的发生无疑占用了组织的人力资源（时间或精力）或物力资源（Leo et al., 2012），这可能会使观察顾客感知他们面临一定的损失。例如，等候服务的观察顾客可能会将亲顾客偏离行为归因于意料之外的服务延迟。根据社会交换理论的互惠规范，当个体受到不利对待（Eisenberger et al., 2004）或观察到他人的不良行为（Yoeli et al., 2013）时，个体更有可能寻求报复。基于以上讨论，本研究提出如下假设：

H1：亲顾客偏离行为将增加涉事顾客的顾客公民行为。

H2：亲顾客偏离行为将减少观察顾客的顾客公民行为。

5.3.3.2 涉事顾客路径下，感知优待和感激情绪的链式中介过程

认知评价理论揭示了情绪产生的原因及影响的结果，认为情绪的产生来自人与环境的相互作用（Lazarus, 1991），个体对外界环境刺激的认知评价决定了他的情绪反应，并且情绪具有动机功能，能够诱发相应行为。如前所述，亲顾客偏离行为是一种兼具利他动机和偏离组织规范的双重道德属性的刺激事件，同一服务场景中的涉事顾客和观察顾客因为角色差异对上述刺激的关注侧重点不同，可能形成不一样的认识和评价，由此产生不同的情绪体验和后续行为。

感知优待（perception of preferential treatment）是个体在接受某一主体额外的关心和帮助后（Lacey et al.，2007），产生"该主体与自己的关系优于该主体与第三方关系"的认知（Buunk et al.，1997）。亲顾客偏离行为是员工基于帮助顾客的首要动机（primary drive）而自愿做出的角色外行为（Morrison，2006），在这一过程中涉事顾客的个性化需求得到满足，切身利益得以维护。此外，亲顾客偏离行为也迅速拉近一线员工与涉事顾客的互动关系，从而让顾客产生相比于其他顾客而言被优待的感受，形成感知优待的认知。

认知评价理论强调个体的情绪体验并不源于刺激本身，而是源于个体对刺激的认知评价，认知参与是道德情绪形成的必要条件。感激是受助者对施助者及其行为产生的一种正性道德情绪，是个体在接受他人恩惠后的积极情绪体验（Mccullough et al.，2002）。当顾客感知到员工的行为是自愿的、具有善意动机，员工为此承担风险，顾客获得的利益符合自身需要时，顾客感激情绪就会形成（Gong et al.，2020）。亲顾客偏离超越了组织规范和员工的工作要求（Morrison，2006；Boukis，2016），顾客感知到员工对其超出常规的服务期望做出主动性、风险性和挑战性的响应，加之获得的利益，感知优待激发情感溢价，产生感激情绪（Gong et al.，2020）。

情绪的动机分化功能强调道德情绪是有机体的基本动力系统，可以放大甚至超越动机直接释放动力信号，引导有机体做出与情绪体验对应的行为决策。拥有感激情绪的个体更容易回报施助者，表现出更多的亲社会行为（Tsang，2006；Grant et al.，2010；Barlett et al.，2012）。顾客公民行为是顾客表达对企业及员工感激的方式之一。在亲顾客偏离行为的服务场景中，感激情绪进一步促使涉事顾客增进与企业及员工的服务友谊（Jung et al.，2019），实现价值共创（Bock et al.，2016），推动顾客公民行为的发生。综上，本研究提出如下假设：

H3：感知优待和感激情绪在亲顾客偏离行为对涉事顾客的顾客公民行为影响过程中发挥链式中介作用，即亲顾客偏离行为正向影响涉事顾客的感知优待水平，进而激发涉事顾客的感激情绪，促使涉事顾客实施顾客公民行为。

5.3.3.3 观察顾客路径下，心理契约违背和厌恶情绪的链式中介过程

观察顾客作为消费场景中的另一主体，已经得到了学界和企业的广泛关注（Curth et al., 2014）。同一个消费场景中，由于角色不同，顾客对刺激的认知评判、情感反应及行为决策也可能不同。在亲顾客偏离行为发生的服务场景中，观察顾客作为陌生他人，与员工和涉事顾客都没有直接的言语交流和肢体接触，仅以观察者的身份目睹了员工与涉事顾客的服务交付行为。根据行动者-观察者效应，观察顾客会将关注点更多地聚焦于亲顾客偏离行为偏离组织规范这一道德属性和事实（Malle et al., 2001）及该行为对自身利益的影响上（Chekroun et al., 2002）。

在关系营销相关研究中，顾客心理契约被定义为"顾客对自己与企业之间的交换关系中责任与互惠义务的感知和信念"（Blancero et al., 1996; Rousseau, 1989）。在与企业的交换关系中，顾客会努力寻求公平与平衡（Homans, 1958）。心理契约违背是个体对社会交换期望没有得到实现和满足的认知反应（Jiang et al., 2017）。观察顾客难以与亲顾客偏离行为因满足涉事顾客个性化需求产生的积极结果形成共鸣，更倾向认为这一服务过程可能额外占用员工的工作时间和组织资源，导致其他顾客利益受损，从而违背了顾客对服务公平的期待（Kim et al., 2018）；同时，员工偏离组织规则的行为也引发观察顾客更严格地"审视"企业，质疑企业制度的一贯性和服务质量的稳定性（Ghosh et al., 2019），违背顾客对企业正直的期待（Maak, 2008），由此产生心理契约违背。

作为一种负向的心理感知，心理契约违背会给观察顾客带来一系列消极的情绪反应（Robinson et al., 2000）。厌恶（disgust）是一种由不愉快的、反感的刺激引起的情绪体验（Rozin et al., 2008）。作为一种道德情绪，厌恶指个体对他人违背道德准则和社会规范的越轨行为所产生的负性情绪（Tybur et al., 2009），常常与故意的、不道德的行为联系在一起（Hutcherson, 2011），如破坏公平的行为（Rozin et al., 2009; He et al.,

2021）。在社会交往中，个体通常注重他人如何对待自己，违反人际公平极易引发个体的厌恶情绪（Skarlicki et al., 2013）。亲顾客偏离违背了观察顾客与企业的心理契约，从而使顾客质疑企业建立和维持互利关系的初衷，摧毁了顾客对企业的信任，进而引起顾客的不满（Malhotra et al., 2017），诱发顾客的厌恶情绪（Horberg et al., 2009）。

厌恶情绪会启动个体的心理自我保护机制，避免潜在伤害（He et al., 2021）。研究表明，厌恶情绪是属于具有较高回避动机的情绪（Tybur et al., 2009；Harmon-Jones et al., 2017），正向影响消费者的负面口碑和抵制企业的行为（Grappi et al., 2013）。如 Xie 等（2015）的研究表明，企业破坏环境的不负责任行为会激发消费者的厌恶情绪，导致消费者做出向他人传达负面口碑、向其他权威机构投诉等行为。因此，本研究推测厌恶情绪会抑制观察顾客实施顾客公民行为。综上，本研究提出如下假设：

H4：心理契约违背和厌恶情绪在亲顾客偏离行为对观察顾客的顾客公民行为影响过程中发挥链式中介作用，即亲顾客偏离行为正向影响观察顾客的心理契约违背感知，进而激发观察顾客的厌恶情绪，抑制观察顾客实施顾客公民行为。

5.3.3.4 关系规范的调节作用

Aggarwal（2004）基于社会关系的理论视角，将消费者与品牌或企业的关系分为交易关系和共有关系，相较于生产型企业，服务型企业的顾客对关系规范的感知更为明显。交易关系下的顾客与企业间的交往类似于商业搭档之间的往来，在获得来自企业的利益时，更愿意迅速给予对方可衡量的利益回报；共有关系下的顾客与企业间的交往更像与家人朋友之间的相处，在获得来自企业的利益时，不会立马以同等利益作为回报，而是在对方需要时提供力所能及的帮助。不同的关系规范导致不同的互动模式，大量研究证实顾客会在关系规范的指导下与企业进行互动（Aggarwal, 2004；Johnson et al., 2010）。

关系规范（relationship norms）在消费者与企业的联结中扮演重要角色，不同关系规范下的消费者会采取不同的信息处理策略（Aggarwal et al.,

2005)，进而影响消费者对产品和服务的评价（Gao et al.，2021）、消费体验（Mathur et al.，2020）及后续行为（Leung et al.，2020）。因此，本研究推测，亲顾客偏离行为是员工给予涉事顾客的额外关心，顾客对这一行为的认知评价和反应会受到关系规范的调节。交易关系顾客受互惠规范（reciprocity norm）的启发，认为员工给予自己恩惠的同时，无形中也给自己建立了一种义务，要求自己做出价值相当的回报（Wu et al.，2006），从而削弱了感知优待和感激情绪；而共有关系顾客将员工和企业作为自己的朋友，员工的亲顾客偏离行为进一步增强其相比于其他顾客而言的优越感，从而强化了感知优待和感激情绪。Clark 和 Mills（1993）的研究认为，和交易关系相比，共有关系规范下的个休更关注他人的需求，更愿意帮助他人。互动和推荐是服务型企业开展关系营销的核心（Grönroos，2004），顾客作为服务生产和价值共创的合作者（Assiouras et al.，2019），无论是为企业提供建议或反馈，还是向他人推荐企业，都有助于企业的发展，是企业成长的宝贵资源。由于亲顾客偏离行为带给共有关系（交易关系）的涉事顾客更高（更低）水平的感知优待和感激情绪，这将进一步强化（削弱）亲顾客偏离行为对涉事顾客的顾客公民行为的正向影响。因此，本研究提出如下假设：

H5：关系规范调节亲顾客偏离行为对涉事顾客感知优待水平的影响，进而调节涉事顾客感知优待水平、感激情绪在亲顾客偏离行为与顾客公民行为间的链式中介作用。即对共有关系涉事顾客来说，该正向链式中介作用更强，但对交易关系涉事顾客来说，该正向链式中介作用更弱。

同理，由于关系规范影响个体对交互过程中得失的认知方式（Aggarwal et al.，2006），我们推测观察顾客对亲顾客偏离行为的认知评价和反应同样受到关系规范的调节。对观察顾客而言，亲顾客偏离行为违背了其对服务组织应该履行的服务公平，应该实现的稳定的服务质量、服务承诺的心理期待。由于交易关系顾客更关注投入和结果，倾向进行理性分析和社会比较（Aggarwal，2004），这让观察顾客更加介意亲顾客偏离行为给自己和其他顾客造成的潜在利益损害（Mathur et al.，2020），从而加剧心理契约违背感知和由此产生的厌恶情绪。共有关系顾客关注与企业的情感联结（Aggarwal，2004），在与企业的交往中遵循人情法则，倾向从情感、社交的角度审视问题。共有关系下的顾客更具移情性（Gao et al.，2021），能够站在员工的角度看待亲顾客偏离行为，理解甚至赞赏员工帮助顾客的服务初衷和利他动机，从而弱化了心理契约违背感知由此产生的厌恶情绪。从行为倾向来看，交易关系顾客不太会关注他人的需求，帮助他人的概率更低。由此我们推断，亲顾客偏离行为带给交易关系（共有关系）观察顾客更高（更低）水平的心理契约违背和厌恶情绪，从而进一步强化（削弱）亲顾客偏离行为对观察顾客的顾客公民行为的负向影响。因此，本研究提出如下假设：

H6：关系规范调节亲顾客偏离行为对观察顾客心理契约违背的影响，进而调节观察顾客心理契约违背、厌恶情绪在亲顾客偏离行为与顾客公民行为间的链式中介作用。即对交易关系观察顾客来说，该负向链式中介作用更强，但对共有关系观察顾客来说，该负向链式中介作用相对更弱。

综上，亲顾客偏离行为顾客异质性响应的实验研究模型如图 5-3 所示。

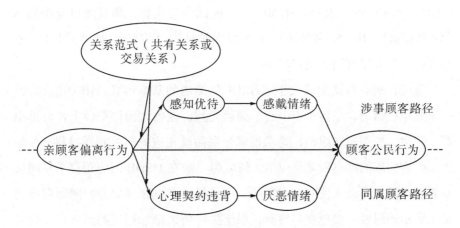

图 5-3　亲顾客偏离行为顾客异质性响应的实验研究模型

5.3.4 实验一：亲顾客偏离行为对顾客公民行为的主效应检验

实验一的目的是检验研究假设 H1 和 H2，即亲顾客偏离行为对不同角色顾客（涉事顾客或观察顾客）的顾客公民行为的差异化影响。根据对酒店行业的走访调研，实验一采用"酒店员工免费为顾客加送早餐券"作为亲顾客偏离行为的刺激情境。为了排除品牌效应对实验结果的干扰，本研究设定虚拟酒店品牌"HKOU"。

5.3.4.1 实验设计

根据探索性研究的结论，亲顾客偏离行为在以酒店为代表的接待业中发生频率最高，全服务型酒店是服务业的典型代表，涵盖餐厅、休闲体育、住宿接待、零售等服务业常见服务，一线员工的服务工作性质和岗位特征也极具代表性，因此，实验研究均选择全服务型酒店服务场景作为实验的情境刺激材料。为避免品牌熟悉度的影响，实验材料均采用虚拟品牌。

实验一采用 2（服务类型：亲顾客偏离或常规服务）×2（顾客角色：涉事顾客或观察顾客）组间实验设计。通过拓展训练公司，招募 203 名（男性占比 49.3%，女性占比 50.7%）被试参与实验，将其随机分配到 A（52 名被试）、B（52 名被试）、C（49 名被试）、D（50 名被试）4 组。所有被试均有五星级酒店消费经历。

首先，所有被试阅读关于"HKOU"酒店的基本信息：HKOU 酒店是一家五星级酒店，坐落于市中心，交通便利，在各大预订平台上评分都很高。其次，按照所在组别，要求被试分别阅读相应的实验刺激材料。A 组为亲顾客偏离的涉事顾客反应组，情境为"您在 HKOU 酒店预订了一间含早餐的标间。办理入住时，您发现酒店只提供了一张早餐券，随即向前台员工表示还想要一张免费早餐券，用于接待前来陪您用餐的朋友。前台员工告知您，根据酒店的规定，您预订的标间只提供单早服务。经过您向员工争取，前台员工没有收取任何费用，加送一张早餐券给您"。B 组为亲顾客偏离的观察顾客反应组，情境为"被试在 HKOU 酒店排队办理入住时，观察到前台员工违规为前面的顾客加送了一张免费早餐券"。C组为常规服务的涉事顾客反应组,情境为"您在HKOU酒店预订了一间含早餐的标间。前台员工按照服务流程,热情周到地为您办理入住"。D组为常规服务的观察顾客反应组,情境为"被试等待办理入住时,观察到前台员工按照服务流程,热情周到地为前面的顾客服务"。实验一的情境材料见表5-3。最后,要求被试填写亲顾客偏离行为的操控检验题项、顾客公民行为测量题项及个人人口统计信息。

操控检验参照 Leo 和 Russell-Bennett(2012)的研究,包括"您在多大程度上认为该前台员工的行为偏离了酒店规章制度?"等2个题项。顾客公民行为借鉴 Yi 和 Gong(2013)的量表,包括"如果我对改善酒店服务有一些想法,我会告知酒店员工""我会向他人推荐这家酒店"等5个题项。所有题项均采用李克特七级评价(1="非常不同意",…,7="非常同意")。

表5-3　实验一的情境材料

服务类型	涉事顾客	观察顾客
亲顾客偏离服务	A组(52名被试):您在HKOU酒店预订了一间含早餐的标间。办理入住时,您发现酒店只提供了一张早餐券,随即向前台员工表示还想要一张免费早餐券,用于接待前来陪您用餐的朋友。前台员工告知您,根据酒店的规定,您预订的标间只提供单早服务。经过您向员工争取,前台员工没有收取任何费用,加送一张早餐券给您	B组(52名被试):您在HKOU酒店排队办理入住时,观察到前台员工违规为前面顾客加送了一张免费早餐券
常规服务	C组(49名被试):您在HKOU酒店预订了一间含早餐的标间。前台员工按照服务流程,热情周到地为您办理入住	D组(50名被试):您在HKOU酒店等待办理入住时,观察到前台员工按照服务流程,热情周到地为前面顾客服务

5.3.4.2　数据分析

顾客公民行为的 Cronbach's α 系数为 0.767，独立样本 t 检验结果显示，亲顾客偏离行为操控成功（$M_{亲顾客偏离}$ = 5.19 > $M_{常规服务}$ = 4.14，t = 10.119，$p<0.001$）。同样通过独立样本 t 检验来检验 H1 和 H2。结果显示，亲顾客偏离服务情境下，涉事顾客和观察顾客的顾客公民行为差异显著（$M_{涉事顾客}$ = 6.12 > $M_{观察顾客}$ = 5.23，t = 6.423，$p<0.001$），而常规服务情境下，涉事顾客与观察顾客的顾客公民行为均值无显著差异（$M_{涉事顾客}$ = 5.74 < $M_{观察顾客}$ = 5.82，t = -0.960，$p>0.05$），说明亲顾客偏离行为确实对不同角色顾客产生差异化影响。并且，对涉事顾客而言，亲顾客偏离行为导致的顾客公民行为显著高于常规服务（$M_{亲顾客偏离}$ = 6.12 > $M_{常规服务}$ = 5.74，t = 3.902，$p<0.001$），说明亲顾客偏离行为将增加涉事顾客的顾客公民行为，假设 H1 得到验证；对观察顾客而言，亲顾客偏离行为导致的顾客公民行为显著少于常规服务（$M_{亲顾客偏离}$ = 5.23 < $M_{常规服务}$ = 5.82，t = -4.552，$p<0.001$），说明亲顾客偏离行为将减少观察顾客的顾客公民行为，假设 H2 得到验证。

实验一只探究了亲顾客偏离行为对不同角色顾客的顾客公民行为的影响，并未揭示这一影响的作用机理，实验二将进一步考察其内在中介机制。

5.3.5　实验二：链式中介效应检验

实验二的目的有两个：①考察实验一结果的稳健性；②检验 H3 和 H4，即感知优待和感激情绪在亲顾客偏离行为对涉事顾客的顾客公民行为影响过程中的链式中介作用，以及心理契约违背和厌恶情绪在亲顾客偏离行为对观察顾客的顾客公民行为影响过程中的链式中介作用。实验二选择"酒店健身房员工违规为顾客提供折扣"作为亲顾客偏离行为的刺激情境。

5.3.5.1　实验设计

实验二依旧采用 2（服务类型：亲顾客偏离或常规服务）×2（顾客角色：涉事顾客或观察顾客）组间实验设计。在知名问卷平台 credemo 上招募 205 名（男性占比 53.2%，女性占比 46.8%）被试（见表 5-4），并将其随机分配到 A（52 名被试）、B（52 名被试）、C（52 名被试）、D（49 名被试）4 个组中。所有被试均有健身房消费经历。

实验流程与分组与实验一类似，仅更换实验情境。首先，所有被试阅读实验的背景信息：最近，您家旁边新开了一家健身房，正在做开业大酬宾活动，您觉得这是一个办理会员卡参与健身的好机会。其次，按照所在组别，要求被试分别阅读各自的实验情景信息。A 组情境为"某天，您去健身房办理年卡。尽管开业价格相对同行来说已经很优惠，但您仍然觉得价格不菲，于是您希望前台服务员再给您打九折。前台员工告诉您他没有折扣权限，无法给您打九折。经过您的争取，服务员最终按九折的价格为您办理了年卡"。B 组情境为"被试在健身房前台排队办理年卡时，观察到前台员工越权按九折的价格为前面的顾客办理了健身年卡"。C 组情境为"您去健身房办理年卡，员工按照服务流程，热情周到地为您服务"。D 组情境为"被试在等待办理年卡时，观察到前台员工按照服务流程，热情周到地为前面的顾客办理年卡"。实验二的情境材料见表 5-5。最后，要求被试填写问卷。所有被试都要填写亲顾客偏离行为的操控检验题项、顾客公民行为测量题项及个人人口统计信息。此外，A 组和 C 组的被试还需先完成感知优待和感激情绪的测量量表，B 组和 D 组的被试还需要填写心理契约违背和厌恶情绪的测量量表。

操控检验和顾客公民行为的测量题项与研究一类似，仅替换了情境。感知优待的测量改编自 Buunk 和 Eijnden（1997）的研究，包含"相比其他顾客，我觉得员工对我更好"等 4 个题项。感激情绪的测量参考 Palmatier 等（2009）开发的量表，包含"我对该员工充满了感激"等 2 个题项。心理契约违背借鉴 Robinson 和 Morrison（2000）的量表，共 4 个题项，反向计分。厌恶情绪的测量参考 Schnall 等（2008）的研究，包含"员工的行为让我感到不舒服"等 2 个题项。所有题项均采用李克特七级评价（1 = "非常不同意"，…，7 = "非常同意"）。

表 5-4　实验二的被试人口统计学特征

样本特征	分类标准	数量/人	百分比/%
性别	男	109	53.2
	女	96	46.8
年龄	18~25 岁	76	37.1
	26~30 岁	93	45.4
	31~40 岁	33	16.1
	41 岁及以上	3	1.5
受教育情况	专科及以下	24	11.7
	本科	156	76.1
	硕士	23	11.2
	博士及以上	2	1.0
月收入	3 000 元以下	23	11.2
	3 000~5 999 元	48	23.4
	6 000~8 999 元	80	39.0
	9 000~11 999 元	39	19.0
	12 000 元及以上	15	7.3

表 5-5　实验二的情境材料

服务类型	涉事顾客	观察顾客
亲顾客偏离服务	A 组（52 名被试）：您去 HKOU 酒店的健身房办理年卡。尽管开业价格相对同行来说已经很优惠，但您仍然觉得价格不菲，于是您希望前台服务员再给您打九折。前台员工告诉您他没有折扣权限，无法给您打九折。经过您的争取，服务员最终按九折的价格为您办理了年卡	B 组（52 名被试）：您在 HKOU 酒店的健身房前台排队办理年卡时，观察到前台员工越权按九折的价格为前面顾客办理了健身年卡
常规服务	C 组（52 名被试）：您去 HKOU 酒店的健身房办理年卡，员工按照服务流程，热情周到地为您服务	D 组（49 名被试）：您在 HKOU 酒店的健身房等待办理年卡时，观察到前台员工按照服务流程，热情周到地为前面顾客办理年卡

5.3.5.2 数据分析

首先，进行信度检验和操控检验。感知优待、感激情绪、心理契约违背、厌恶情绪和顾客公民行为量表的 Cronbach's α 系数分别为 0.847、0.824、0.889、0.958 和 0.812，变量的收敛效度和判别效度见表5-6。操控检验结果显示，对亲顾客偏离行为的操控成功（$M_{亲顾客偏离}$ = 5.07 > $M_{常规服务}$ = 4.18，t = 7.506，p<0.001）。

表5-6 实验二的变量收敛效度和判别效度

	感知优待	感激情绪	焦点顾客公民行为	CR	AVE
感知优待	0.77			0.85	0.60
感激情绪	0.59	0.84		0.83	0.71
涉事顾客公民行为	0.53	0.62	0.73	0.85	0.53
	心理契约违背	厌恶情绪	观察顾客公民行为		
心理契约违背	0.82			0.89	0.67
厌恶情绪	0.73	0.87		0.86	0.75
观察顾客公民行为	−0.48	−0.41	0.71	0.80	0.51

其次，通过独立样本 t 检验再次验证 H1 和 H2。结果显示，亲顾客偏离行为的服务情境下，涉事顾客与观察顾客的顾客公民行为均值差异显著（$M_{涉事顾客}$ = 5.97 > $M_{观察顾客}$ = 4.37，t = 11.945，p<0.001），而常规服务的情境下，涉事顾客组与观察顾客组的顾客公民行为均值无显著差异（$M_{涉事顾客}$ = 5.53 < $M_{观察顾客}$ = 5.70，t = −1.375，p>0.05），再次证实亲顾客偏离行为对不同角色顾客产生差异化影响。并且，对涉事顾客而言，亲顾客偏离行为组的顾客公民行为均值显著高于常规服务组的顾客公民行为均值（$M_{亲顾客偏离}$ = 5.97 > $M_{常规服务}$ = 5.53，t = 3.274，p<0.01），对观察顾客而言，亲顾客偏离行为组的顾客公民行为均值显著低于常规服务组的顾客公民行为均值（$M_{亲顾客偏离}$ = 4.37 < $M_{常规服务}$ = 5.70，t = −11.058，p<0.001），假设 H1 和 H2 再次得到验证。

最后,分别检验感知优待和感激情绪在亲顾客偏离行为对涉事顾客的顾客公民行为影响过程中的链式中介作用,以及心理契约违背和厌恶情绪在亲顾客偏离行为对观察顾客的顾客公民行为影响过程中的链式中介作用,即 H3 和 H4(见表 5-7)。先检验涉事顾客路径的内在机制,采用虚拟变量,将亲顾客偏离行为赋值为"1",常规服务赋值为"0"。运用 SPSS 26.0 统计软件的 process 插件,参照 Hayes(2013)提出的 Bootstrap 方法进行中介效应检验,选择模型 6,抽样 5 000 次,选取 95% 的置信区间。结果表明,感知优待和感激情绪链式中介亲顾客偏离行为对涉事顾客的顾客公民行为的影响(LLCI = 0.053 5, ULCI = 0.224 6,不包含 0),中介效应值为 0.124。控制感知优待和感激情绪这一链式中介变量后,亲顾客偏离行为对涉事顾客的顾客公民行为的影响不显著(LLCI = -0.169 4, ULCI = 0.296 0,包含 0),感知优待与感激情绪在亲顾客偏离行为对涉事顾客的顾客公民行为的影响中发挥了完全链式中介作用,假设 H3 得到验证。

表 5-7　实验二中的链式中介作用分析结果

	路径	β	95% CI
焦点顾客	亲顾客偏离行为→感知优待→顾客公民行为	0.126	[0.022, 0.279]
	亲顾客偏离行为→感激情绪→顾客公民行为	0.121	[0.019, 0.259]
	亲顾客偏离行为→感知优待→感激情绪→顾客公民行为	0.124	[0.054, 0.225]
观察顾客	亲顾客偏离行为→心理契约违背→顾客公民行为	-0.806	[-1.236, -0.412]
	亲顾客偏离行为→厌恶情绪→顾客公民行为	-0.186	[-0.430, -0.021]
	亲顾客偏离行为→心理契约违背→厌恶情绪→顾客公民行为	-0.182	[-0.431, -0.030]

观察顾客路径的数据分析方法和步骤与涉事顾客路径的完全相同。结果表明,心理契约违背和厌恶情绪链式中介亲顾客偏离行为对观察顾客的顾客公民行为的影响(LLCI = -0.431 0, ULCI = -0.029 7,不包含 0),中

介效应值为-0.182。控制心理契约违背和厌恶情绪这一链式中介变量后，亲顾客偏离行为对观察顾客的顾客公民行为的影响不显著（LLCI = -0.565 2，ULCI = 0.256 7，包含 0），心理契约违背与厌恶情绪在亲顾客偏离行为对观察顾客的顾客公民行为的影响中发挥了完全链式中介作用，假设 H4 得到验证。

实验二再次证实了亲顾客偏离行为对涉事顾客和观察顾客的差异化影响，并揭示了各自的影响机制。由于顾客的异质性不仅体现为角色异质，还体现为顾客—企业的关系规范不同，因此实验三将在实验一和实验二的基础上检验关系规范的调节作用。

5.3.6 实验三：关系范式的调节作用检验

实验三的目的有两个：①再次检验实验一结果的稳健性，即亲顾客偏离行为对涉事顾客和观察顾客的顾客公民行为的差异化影响；②检验 H5 和 H6，即关系规范（共有关系/交易关系）在亲顾客偏离行为、顾客道德认知、道德情绪以及顾客公民行为之间形成的有调节的中介作用。通过文献回顾和行业调研，实验三采用"豪华餐厅的服务员在非优惠活动期间免费为顾客提供果汁"作为亲顾客偏离行为的刺激情境。为了避免品牌效应，本研究设定虚拟餐厅品牌"IRCD"。

5.3.6.1 实验设计

实验三采用 2（关系规范：共有关系或交易关系）×2（服务类型：亲顾客偏离或常规服务）×2（顾客角色：涉事顾客或观察顾客）组间实验设计。在线招募 414 名（男性占比 44.9%，女性占比 55.1%）被试（见表 5-8），将他们随机分配到 8 个组中，每组大约 50 人。所有被试均有豪华餐厅消费经历。

首先，借鉴 Wan 等（2011）设计的工作自主性实验情境，操控被试与餐厅的关系规范，请所有被试阅读一段描述自己和 IRCD 餐厅关系的信息。共有关系信息为"IRCD 餐厅是您最常光顾的餐厅，它的整体氛围和菜品都让您感觉像回到家一样。每次您来到这家餐厅，员工会记得您是谁，并亲切地接待您,有时还会为您准备额外的礼物,点餐时会友善地提醒您忌口的食物。您也会和熟识的员工聊天,你们彼此关心,您和这家餐厅的关系就像朋友一样"。交易关系信息为"IRCD 餐厅是您最常光顾的餐厅,该餐厅以专业、高效为服务理念,它的整体环境以及菜品都让您感觉性价比很高。餐厅服务员训练有素,能高效率地完成工作,让您在最短的时间内享受到美食。餐厅员工也会经常向您推荐餐厅的新菜品,您和这家餐厅的关系就像商业伙伴"。

表 5-8 实验三的被试人口统计学特征

样本特征	分类标准	数量/个	百分比/%
性别	男	186	44.9
	女	228	55.1
年龄	18~25 岁	135	32.6
	26~30 岁	186	44.9
	31~40 岁	80	19.3
	41 岁及以上	13	3.1
受教育情况	专科及以下	75	18.1
	本科	309	74.6
	硕士	27	6.5
	博士及以上	3	0.7
月收入	3 000 元以下	48	11.6
	3 000~5 999 元	84	20.3
	6 000~8 999 元	163	39.4
	9 000~11 999 元	92	22.2
	12 000 元及以上	27	6.5

被试阅读完信息后,填写关系规范(共有关系/交易关系)的操控检验题项,评价自己与 IRCD 餐厅的关系。然后,向被试呈现服务类型和顾客角色的信息。实验三的情境材料见表 5-9。亲顾客偏离的涉事顾客反应组的情境为"以往,IRCD 餐厅每周三都有赠送一杯鲜榨果汁的优惠活动。

这周三，您去这家餐厅就餐，餐厅已经取消了这项优惠。您向服务员争取，希望像往常一样能够免费获得一杯果汁。最后，服务员为您免费提供了一杯果汁"。亲顾客偏离的观察顾客反应组的情境为"这周三，您去IRCD 餐厅就餐。就餐过程中，看到餐厅员工不顾餐厅已取消每周三赠送果汁的规定，免费为邻桌客人提供了一杯果汁"。常规服务的涉事顾客反应组的情境为"您去餐厅就餐，员工按照服务流程，热情周到地为您服务"。常规服务的观察顾客反应组的情境为"被试在餐厅用餐，看到员工按照服务流程，热情周到地为邻座客人服务"。最后，被试填写相应问卷。

借鉴 Aggarwal（2004）测量关系规范的量表，共有关系包括"我认为IRCD 餐厅有人情味"等 4 个题项，交易关系包括"IRCD 餐厅关心它的交易完成量"等 4 个题项。其他变量的题项与研究二类似，仅替换了其中的情境。

表 5-9　实验三的情境材料

服务类型	涉事顾客	观察顾客
亲顾客偏离服务	您每周三都可以在 IRCD 餐厅免费获得一杯现榨果汁。这周三，您去这家餐厅就餐，却被告知餐厅已经取消了这项优惠。您向服务员争取，希望像往常一样能够免费获得一杯果汁。最后，服务员为您免费提供了一杯果汁	您这周三去 IRCD 餐厅就餐。就餐过程中，看到餐厅员工不顾餐厅已取消每周三赠送果汁的规定，免费为邻桌客人提供了一杯果汁
常规服务	您去 IRCD 餐厅就餐，员工按照服务流程，热情周到地为您服务	您在 IRCD 餐厅用餐，看到员工按照服务流程，热情周到地为邻座客人服务

5.3.6.2　数据分析

首先，进行信度和操控检验。所有变量的 Cronbach's α 系数均大于 0.7，变量的收敛效度和判别效度见表 5-10。操控检验结果显示，亲顾客偏离行为的操控成功（$M_{\text{亲顾客偏离}} = 5.17 > M_{\text{常规服务}} = 4.13$，$t = 14.854$，$p < 0.001$）；共有关系规范（$M_{\text{共有}} = 6.23 > M_{\text{交易}} = 3.61$，$t = 28.431$，$p < 0.001$）和交易关系规范（$M_{\text{交易}} = 5.38 > M_{\text{共有}} = 4.89$，$t = 4.626$，$p < 0.001$）的操控也成功。

其次，通过独立样本 t 检验再次验证 H1 和 H2。结果显示，亲顾客偏离行为的服务情境下，涉事顾客组与观察顾客组的顾客公民行为均值差异显著（$M_{涉事顾客} = 6.05 > M_{观察顾客} = 5.39$，$t = 5.780$，$p < 0.001$），而常规服务的情境下，涉事顾客组与观察顾客组的顾客公民行为均值无显著差异（$M_{涉事顾客} = 5.77 < M_{观察顾客} = 5.83$，$t = -0.666$，$p > 0.05$）。并且，对涉事顾客而言，亲顾客偏离行为组的顾客公民行为均值显著高于常规服务组的顾客公民行为均值（$M_{亲顾客偏离} = 6.05 > M_{常规服务} = 5.77$，$t = 2.967$，$p < 0.01$）；对观察顾客而言，亲顾客偏离行为组的顾客公民行为均值显著低于常规服务组的顾客公民行为均值（$M_{亲顾客偏离} = 5.39 < M_{常规服务} = 5.83$，$t = -3.992$，$p < 0.001$），主效应假设 H1 和 H2 再次得到验证。

再次，分别检验关系规范对两条链式中介的调节效应。双因素方差分析结果显示，关系规范与服务类型对涉事顾客感知优待的交互效应显著（$F_{1,198} = 4.385$，$p < 0.05$），说明关系规范在亲顾客偏离行为对涉事顾客感知优待的影响中起调节作用。亲顾客偏离情境下，共有关系的涉事顾客比交易关系的涉事顾客的感知优待水平更高（$M_{共有} = 5.68 > M_{交易} = 5.04$，$t = 4.081$，$p < 0.001$）；而常规服务情境下，共有关系和交易关系的涉事顾客的感知优待水平无显著差异（$M_{共有} = 4.37 > M_{交易} = 4.35$，$t = 0.079$，$p = 0.937$）。

同理，关系规范与服务类型对观察顾客心理契约违背的交互效应显著（$F_{1,208} = 6.623$，$p < 0.05$），说明关系规范在亲顾客偏离行为对观察顾客心理契约违背的影响中起调节作用。亲顾客偏离情境下，交易关系的观察顾客比共有关系的观察顾客更容易产生心理契约违背（$M_{交易} = 3.83 > M_{共有} = 3.29$，$t = 3.406$，$p = 0.001$）；而常规服务情境下，共有关系和交易关系的观察顾客形成的心理契约违背无显著差异（$M_{交易} = 2.18 > M_{共有} = 2.15$，$t = 0.281$，$p = 0.779$）。

最后，运用 SPSS 26.0 统计软件的 process 插件，参照 Hayes（2013）提出的 Bootstrap 方法进行有调节的中介作用检验，选择模型 83，进行 5 000 次抽样。在 95% 置信区间下，若置信区间不包含零，则有调节的中介作用存在。结果显示（见表 5-11），共有关系时，涉事顾客感知优待和感激情绪的中介效应结果中不包含 0 （LLCI = 0.115 4，ULCI = 0.413 3），感知优待和感激情绪的中介效应显著，效应量为 0.243；交易关系时，感知优待和感激情绪的中介效应结果中也不包含 0 （LLCI = 0.040 6，ULCI = 0.259 5），但此时感知优待和感激情绪的中介效应量仅为 0.128，低于共有关系时的效应量，说明感知优待和感激情绪的中介效应被削弱。因此，感知优待和感激情绪在亲顾客偏离行为与涉事顾客的顾客公民行为间的中介作用受到关系规范的调节，最终对涉事顾客的顾客公民行为形成有调节的中介作用，H5 得到验证。

同理，交易关系时，观察顾客心理契约违背和厌恶情绪的中介效应结果中不包含 0 （LLCI = −0.445 5，ULCI = −0.170 1），心理契约违背和厌恶情绪的中介效应显著，效应量为−0.292；共有关系时，心理契约违背和厌恶情绪的中介效应结果中也不包含 0 （LLCI = −0.309 9，ULCI = −0.115 1），但此时心理契约违背和厌恶情绪的中介效应量仅为−0.202，低于交易关系时的效应量，说明心理契约违背和厌恶情绪的中介效应被削弱。因此，心理契约违背和厌恶情绪在亲顾客偏离行为与观察顾客的顾客公民行为间的中介作用受到关系规范的调节，最终对观察顾客的顾客公民行为形成有调节的中介作用，H6 得到验证。

表 5-10　实验三的变量收敛效度和判别效度

	感知优待	感激情绪	焦点顾客公民行为	CR	AVE
感知优待	0.81			0.88	0.66
感激情绪	0.75	0.86		0.84	0.73
焦点顾客公民行为	0.42	0.51	0.73	0.82	0.53
	心理契约违背	厌恶情绪	观察顾客公民行为		
心理契约违背	0.74			0.83	0.55
厌恶情绪	0.62	0.87		0.86	0.75
观察顾客公民行为	−0.58	−0.59	0.75	0.86	0.56

表 5-11　实验三中有调节的中介作用分析结果

路径	关系规范	β	95%CI
亲顾客偏离行为→感知优待→感激情绪→顾客公民行为	共有关系	0.243	[0.115, 0.413]
	交易关系	0.128	[0.041, 0.260]
亲顾客偏离行为→心理契约违背→厌恶情绪→顾客公民行为	共有关系	-0.202	[-0.310, -0.115]
	交易关系	-0.292	[-0.446, -0.170]

5.3.7　实验研究发现和理论贡献

5.3.7.1　研究发现

亲顾客偏离行为是服务型企业普遍存在的一个现象。本研究以亲顾客偏离行为的双重道德属性为研究视角,基于社会交换理论和认知评价理论,分别从涉事顾客和观察顾客两条路径,探讨了亲顾客偏离行为对顾客公民行为的差异化影响、内在机制和边界条件,得到了富有价值的结论。

亲顾客偏离行为对不同角色顾客影响不同。具体而言,亲顾客偏离行为对涉事顾客的顾客公民行为具有显著正向影响,这与以往研究结论一致(Bove et al.,2009)。员工超出预期的服务会增强顾客的自我价值感,最终促使顾客做出积极的角色外行为回报企业。然而,同一情境下,观察顾客会因为自身潜在利益受损而拒绝做出角色外的顾客公民行为,这一崭新的结论证实了 Boukis (2016) 关于"亲顾客偏离行为可能对不同的群体产生不同影响"的推测。

研究发现,顾客异质性响应的原因在于不同角色顾客对亲顾客偏离行为的道德认知不同,随之产生效价完全相反的道德情绪。涉事顾客在消费过程中与员工良好互动并获得利益,感知员工善意和亲顾客偏离行为的利他动机,形成感知优待,产生感激情绪(Gong et al., 2020),驱动顾客公民行为的发生(Boukis et al., 2019);而观察顾客作为旁观者且没有直接受益,在这一过程中感知个人利益受损,对服务交付的公平性(Morrison, 2006)、服务规程与服务质量的稳定性产生质疑,形成心理契约违背的感知，激发厌恶情绪，拒绝做出顾客公民行为，这一中介机制解释了学者之前提出的"建设性（constructive）的偏离行为如何变得具有毁灭性（destructive）"（Gong et al., 2020）疑问，同时也与以往研究中"人际不公平引发道德厌恶"（Skarlicki et al., 2013）的结论高度一致。

此外，研究还发现亲顾客偏离行为对顾客认知及响应的影响受到关系规范的调节。具体来说，亲顾客偏离行为会触发共有（交易）关系的涉事顾客更高（更低）的感知优待水平和感激情绪，这将进一步强化（削弱）亲顾客偏离对顾客公民行为的正向影响。原因在于共有关系顾客将员工及企业视为自己的朋友，亲顾客偏离行为加强了二者的亲密关系，而交易关系顾客在与员工及企业的交往中情感参与较少（Gao et al., 2021）。然而，亲顾客偏离行为会触发交易（共有）关系的观察顾客更高（更低）的心理契约违背和厌恶情绪，从而强化（削弱）亲顾客偏离行为对顾客公民行为的负向影响。这是因为交易关系顾客更介意自己的潜在利益受损（Mathur et al., 2020），而共有关系顾客更具移情性（Gao et al., 2021），能理解员工帮助顾客的服务初衷。研究结论进一步拓展了对以往"关系规范作为调节变量"的相关研究（Aggarwal et al., 2006）的支持，丰富了关系规范在消费者行为研究中的文献。

5.3.7.2 理论贡献

第一，本研究从顾客反应的视角验证了亲顾客偏离行为的影响，丰富了亲顾客偏离行为的后效研究。以往研究主要从企业内部管理的视角探讨员工违规帮助顾客的影响（Mortimer et al., 2021；Fazel-e-Hasan et al., 2019），对员工违规帮助顾客造成的市场反应研究不足。而本研究从企业外部营销和消费者反应视角完善了对此类行为后果的认识，有助于全面理解员工顾客导向行为的市场影响。

第二，本研究基于顾客角色分化的视角，探讨亲顾客偏离行为对顾客反应的积极影响和消极影响，打破了以往单一研究视角的局限性。关于亲顾客偏离行为作用效果的有限研究均"一边倒"地认为该行为有助于提高顾客的满意度（Gong et al., 2020），进而形成企业忠诚（Boukis et al.,

2019）。但本研究发现，亲顾客偏离行为对顾客公民行为同样可以产生负面影响。这是因为学界对亲顾客偏离的后效研究更多集中于实际参与该行为的顾客，却忽略了同一场景下因角色分化而形成的观察顾客（Ho et al.，2020）。本研究关注到服务消费场景下同时存在的涉事顾客和观察顾客，依据社会交换理论（Homans，1958）全面揭示了亲顾客偏离行为的"双刃剑"效应，有助于理论界从更加辩证的视角来研究亲顾客偏离行为的影响。

第三，本研究抓住亲顾客偏离行为具备的双重道德属性（Boukis，2016；Morrison，2006；Vardaman et al.，2014）这一逻辑起点，引入认知评价理论（Lazarus，1991），构建了亲顾客偏离行为影响顾客公民行为的双路径模型，深入挖掘了顾客对亲顾客偏离行为的道德认知评价和随之产生的情绪体验（He et al.，2021），从根本上剖析了亲顾客偏离行为的"双刃剑"效应及机理。以往研究鲜有关注到顾客的道德情绪反应（Bock et al.，2016），主要原因在于没有从道德行为的视角来审视亲顾客偏离行为。而本研究注意到这一行为的双重道德属性，实证检验了亲顾客偏离行为的利他属性使涉事顾客感知优待，从而诱发感激情绪；而偏离组织规范属性破坏服务公平，使观察顾客感知心理契约违背，从而诱发厌恶情绪。本研究重塑了亲顾客偏离行为引发的顾客情绪反应的相关命题。

第四，本研究拓宽了亲顾客偏离行为对顾客反应影响的权变条件，通过引入关系规范这一变量，探究了亲顾客偏离行为作用过程的边界机制。研究发现亲顾客偏离行为在不同关系规范（共有关系/交易关系）下，对顾客的影响也会产生差异。研究结论契合共有关系和交易关系下个体的特征（Clark et al.，1993），再次证实顾客会在关系规范的指导下与企业进行互动（Aggarwal，2004），一定程度上为服务管理理论做出了贡献。

6 亲顾客偏离行为的研究结论与干预策略

6.1 亲顾客偏离行为的研究结论

亲顾客偏离行为动机的合理性和行为结果的偏离性，使亲顾客偏离行为的管理干预变得更具挑战性。因此，了解亲顾客偏离行为的形成机制及其对顾客的影响具有一定的理论意义与实践价值。本研究围绕"为何员工会做出亲顾客偏离行为？"及"员工的亲顾客偏离行为对顾客造成了什么影响？"两个谜团进行系统分析，得到如下研究结论：

（1）亲顾客偏离行为在服务企业中广泛存在，有独特的内涵特征

在酒店组织中，一线员工处于内部组织和外部顾客的边界位置，员工与顾客频繁接触，极易培育情感纽带，建立紧密关系。同时，相较于非服务组织和服务组织内部非一线员工，他们更容易获得授权，工作自主性较大。这为一线员工实施"为帮助或维护顾客利益，有意识地偏离组织正式规章制度或政策禁令"的亲顾客偏离行为提供了现实土壤。本研究对服务行业的调查发现，亲顾客偏离行为广泛存在，并具备如下特征：①员工实施亲顾客偏离行为时具有主观故意性，即员工明确知道该行为偏离了组织正式规章制度，并且通过员工告知，顾客亦明确知道该行为偏离了组织正

式规章制度；②当实施亲顾客偏离行为时，员工引致偏离多于主动偏离；③亲顾客偏离行为通常会涉及占用组织资源，破坏组织正式规章制度的权威性和稳定性，妨碍内部管理或其他顾客体验，员工面临责罚风险，行为结果的积极性不确定。

（2）服务型领导是影响员工实施亲顾客偏离行为的重要管理因素

员工的人格特质、岗位特征、组织氛围等都是影响亲顾客偏离行为的组织因素，但领导风格是影响员工态度和行为的关键因素之一，不同的领导风格对员工的态度和行为产生的影响存在差异。一般情况下，以人为中心而不是以任务为中心的领导风格更能基于员工工作支持和心理资源。此时，员工会感觉到自己是被理解和重视的，是组织真正的一员，这会大大提高他们创造性工作的能力。相较于其他领导风格，服务型领导风格具备服务他人、重视员工、发展员工，善于授权和帮助下属成才等特质属性，有助于强化员工的顾客意识，促进员工站在顾客的立场解决服务过程中的困难和问题，表现出明显的"亲顾客"倾向。并且服务型领导风格授权服务员工工作自主权，鼓励员工开展创新性工作，具有很大的包容性和容错空间，有助于赋予员工心理安全感，给予员工信心去挑战组织的规章制度。因此，相较于已被验证的驱动员工实施亲顾客偏离行为的组织因素，本研究首次基于领导风格和行为的视角，得到服务型领导是影响员工实施亲顾客偏离行为的重要管理因素的结论。

（3）创新自我效能是员工实施亲顾客偏离行为最强大的心理资源

自我效能感源于自身的心理和认知感受，是个体相信自己有能力成功地完成某一特定行为或任务的信念。亲顾客偏离行为具有一定的风险性，意味着员工愿意承担违规风险为顾客创造更好服务体验，根本原因在于员工在一定程度上将亲顾客偏离行为视为服务创新行为。这要求员工具备坚定开展创新活动的认知和信念，即员工需要拥有相信自己能够通过创新的方式或手段完成工作任务的能力和信心。创新自我效能是衡量员工通过创新性工作方式完成工作任务的信心和能力的关键变量。只有具有高创新自我效能的员工才有勇气挑战组织既定规则和制度权威，将服务偏离行为合理化为越轨创新，从而更有可能实施亲顾客偏离行为。

在组织情景中，员工的高创新自我效能与领导风格密不可分。服务型领导对顾客需求的关注、对服务创新的支持有助于员工感知到组织对创新活动的支持，也能让员工实际获得工作自主权，从而提升员工的创新自我效能，促使他们大胆尝试服务创新，更好地帮助顾客解决问题，满足顾客非常规性服务需求，实施亲顾客偏离行为。

（4）亲顾客偏离行为的道德属性引发顾客的道德凝视

亲顾客偏离行为具有帮助顾客和偏离组织规则的双重道德属性，这一核心特征导致顾客对其形成道德凝视，也就是顾客在行为规则和规范的指导下，对事件或行为进行道德性审视、认知和反应。也就是说，顾客会根据自己的道德标准，对亲顾客偏离行为进行道德推理和认知评价，并在这个过程中产生道德情绪，进而形成与情绪一致的行为反应。顾客对亲顾客偏离行为的道德判断和认知是道德情绪和行为反应的关键前置因素。顾客的道德情绪为接受行为刺激后的主导情感反应，是道德认知与行为之间的桥梁。

（5）顾客对亲顾客偏离行为的反应遵循认知—情感—行为层次模型

顾客对亲顾客偏离行为的反应遵循态度的 ABC 模型的标准学习层级模型，即认知—情感—行为模型。在道德凝视的场景下，顾客首先基于亲顾客偏离行为自身的双重道德属性，对该行为形成道德认知评价，包括感知自我获益、感知他人受损等认知评价，在对认知评价信息加工作用下，顾客进一步对亲顾客偏离行为形成道德情感反应，表现为感激、愧疚、厌恶等道德情绪，最后形成行为反应，包括重购、口碑传播、实施顾客公民行为等。

（6）顾客对亲顾客偏离行为的认知、情感和行为反应存在差异

在同一服务场景中，根据角色差异，顾客可以分为涉事顾客和观察顾客；根据顾客的关系范式差异，涉事顾客和观察顾客又可以进一步细分为交易关系顾客和共有关系顾客。不同顾客对亲顾客偏离行为的认知、情感和行为反应存在巨大差异。通常而言，大多数涉事顾客对亲顾客偏离行为

持积极态度，因为涉事顾客在消费过程中与员工良好互动并获得利益，感知员工善意和亲顾客偏离行为的利他动机，形成感知优待，进而产生感激之类的特定情感，行为结果上也表现出强烈的再惠顾意愿，积极发挥顾客公民行为。但也有部分涉事顾客呈现矛盾心理，他们会同时从感知个人受益和感知他人受损两个方面对亲顾客偏离行为进行道德审视，由此产生混合感激、内疚（羞愧）相互交织的混合道德情绪，这种混合、复杂的道德情绪可能会在不同程度上促进或抑制后续消费行为。

对于观察顾客而言，由于他们不是亲顾客偏离行为的直接受益者，对亲顾客偏离行为的认知反应主要是负面的，主要包括感知利益冲突、感知信任缺失、质疑服务的公平性和服务组织制度的权威性。他们倾向于将亲顾客偏离行为视为诊断线索，并随后表现出不满、厌恶等负面道德情绪。在行为反应方面，他们倾向于选择回避或退缩行为，具体表现为再回顾意愿低、不愿参与价值共创、不愿实施顾客公民行为等，而且会产生抱怨或传播负面口碑的行为。

亲顾客偏离行为对涉事顾客和观察顾客的反应影响均受到关系规范的调节。如果涉事顾客对服务企业受到共有关系规范，将员工及企业视为自己的朋友，那么亲顾客偏离行为将触发更高水平的积极认知和情绪反应，也会表现出更高水平的顾客公民行为；但如果涉事顾客对服务企业受到交易关系规范，那么亲顾客偏离行为激发的积极认知和情绪反应将会降低，也会削弱顾客公民行为。反之，如果观察顾客对服务企业受到交易关系规范，与企业的情感联结和涉入较弱，那么亲顾客偏离行为触发的心理契约违背和厌恶情绪会更强，相应的表现出更低水平的顾客公民行为；但如果观察顾客对服务企业受到共有关系规范，亲顾客偏离行为引发的心理契约违背和厌恶情绪会在一定程度上得到弱化，进而有助于增加顾客公民行为。

6.2　亲顾客偏离行为的干预策略

6.2.1　正视亲顾客偏离行为的客观性和普遍性

系列研究表明，亲顾客偏离行为在服务行业广泛存在，管理者首先需要意识到服务交互场景中亲顾客偏离行为的客观性和普遍性，充分了解员工从事该行为的内在动机和外在表现。在服务情境不确定和服务规程不完备的背景下（Leo et al., 2012），员工需要灵活应对顾客的个性化需求。并且，随着服务环境的剧烈变化，服务行业已有的规章制度或许已经不合时宜，不能有效应对顾客的多样化需求，满足其服务期望。

服务企业管理者应该努力理解员工做出偏离行为的潜在真实意图，鼓励、培训员工撰写促使他们通过亲顾客偏离行为去满足的常规顾客需求报告，通过识别更高频率非常规顾客需求，尝试制定标准操作流程来合规满足顾客需求。对于难以预测的顾客需求，建议管理者在可接受的范围内授权员工调整服务以满足顾客的需求。例如，管理者应该为员工的工作设定自主界限（如预算限制）以防止员工滥用职权。总而言之，服务业需要进行管理创新，暴露并改善企业现行制度的不足，或者制定新的管理制度将员工的亲顾客偏离行为转化为亲顾客合规行为，促进服务组织更好地发展。

6.2.2　客观评估亲顾客偏离行为的"双刃剑"效应

研究结论呼吁服务组织高度关注这样一个事实，虽然亲顾客偏离行为可以为大部分涉事顾客带来愉快和难忘的消费体验，但其本身也是一种偏离行为，可能会引起负面反应，存在"双刃剑"效应。亲顾客偏离行为引发的负面情绪可能激发潜在的顾客抱怨、投诉或品牌转移，不利于企业的可持续发展。为了减少亲顾客偏离行为对企业的负面影响，确保员工在完全遵守组织规范的情况下满足顾客需求，管理者应该分析不同类型的亲顾客偏离行为发生频率及实际后果，并对组织制度进行更新，以防止不必要的偏离行为。当顾客的需求超出常规服务项目或标准时，可考虑授权员工在预算范围内或不影响岗位工作的前提下帮助顾客。

6.2.3 科学运用服务型领导，遏制亲顾客偏离行为的负面效应

服务型领导能够极大地激发员工的亲顾客意识，但管理者也需要警惕员工在亲顾客动机的加持下将偏离行为合理化为服务创新行为给组织带来的潜在危害，比如破坏组织制度的稳定性、额外占用组织资源等（Leo et al., 2012）。因此，一方面，服务型领导既要以身作则，培养员工的服务精神和顾客意识，也要注意自身言行，恰当地宣传企业有关服务创新的政策思想，指导员工合理合规地发挥服务的创新效能。另一方面，由于亲顾客偏离行为具有一定的风险性，可能产生一些无意识的负面结果（Dahling et al., 2012；Boukis, 2016），服务型领导授予员工一定的工作自主权时，也要对员工进行必要的辅导和监督，避免员工因盲目自信而越轨，对员工、组织以及顾客的利益造成不必要的伤害。

6.2.4 激发员工服务创新，引导亲顾客偏离行为积极效应最大化

在服务交付过程中，员工的创新自我效能对于创新服务项目和流程、提升顾客体验具有极其重要的作用。在接待业中，对于某些需要应对相对复杂的、非常规性的顾客需求的岗位，组织可以考虑将创新自我效能的心理测试纳入人事招聘环节，通过简短的、便于管理的心理测试（brief and easy-to-administer psychometric tests）帮助组织筛选具有高水平创新自我效能的员工。这类员工在服务型领导的引导和约束下，极有可能为服务场景中的棘手问题提供创造性解决方案。服务型领导也可以通过培训和有条件的授权，培养和提升一线员工的创新自我效能，以便更好地服务顾客。

6.2.5 制定长效合理的服务细则，加强应变培训

服务企业应制定长效合理的服务细则，加强对员工业务技能和应变能

力的培训。由于一线员工处于企业和顾客的边界位置，有时需要根据实际情况灵活应对客人，从而不可避免地通过亲顾客偏离行为来满足某些顾客的实时请求，这一行为在某种程度上促进了企业与这类顾客的商业友谊（Jung et al., 2019），有助于推动顾客公民行为的产生，实现价值共创。基于此，管理者可以通过合理授权，赋予员工更多工作自主权，如丽思卡尔顿酒店的全员授权，满足了顾客个性化需求（Leo et al., 2014）。然而，需要注意的是，本研究发现亲顾客偏离行为亦存在诸多潜在风险，除了造成企业运营成本增加（Ghosh et al., 2019）、服务流程效率低下（Jung et al., 2019）等问题外，也会导致同一情景下的观察顾客质疑企业服务交付的公平性、服务质量和服务制度的稳定性，等候服务时的焦躁（Ramseook - Munhurrun, 2016）和感知不公平使顾客滋生了对企业的厌恶，最终放弃该企业，转而寻找替代者。更重要的是，观察顾客作为企业巨大的潜在消费群体，一旦对企业形成负面态度，甚至可能采取极端方式进行负面口碑传播，这将导致企业形象受损和顾客流失。

因此，服务企业应该重视对一线服务人员的合理培训（Gong et al., 2020），设定员工额外服务行为的边界，管理者需要让员工意识到这一行为可被企业接受的程度，同时在日常实践中着重关注员工是否按企业制定和培训的服务细则进行工作、是否超出了企业规定的可接受的额外服务范围，必要时应进行合理干预。同时，通过"自主+控制"的管理实践，增强顾客对员工参与亲顾客偏离行为的自由裁量权的感知，推动企业的长远发展和持久经营。

6.2.6 关注顾客在服务交互中的道德情绪反应

服务企业在与消费者的互动中，应特别关注顾客的情绪反应。情绪具有动机功能，会激发和支配个体的行动（Xie et al., 2015）。本研究发现亲顾客偏离行为会导致顾客产生多样化的道德认知评价和情绪反应，最终展现出完全不同的行为意向。与基本情绪相比，道德情绪更可能引发个体的规范或反规范行为（Stets et al., 2008）。因此，本研究鼓励服务企业在与顾客沟通交流时有的放矢地采取相应措施。

在面对道德困境时，服务企业应鼓励员工努力激活顾客的感激情绪，可以定期组织会议，鼓励一线员工分享亲顾客偏离行为的成功案例。同时，帮助员工及时识别顾客的消极面部表情，努力缓解厌恶情绪，进而防止顾客做出诸如转移行为和传播负面口碑的价值共毁行为。建议员工向表现出厌恶情绪的观察顾客解释他们为什么要对某一顾客实施亲顾客偏离行为，同时告诉观察顾客自己也会尽力满足他们的需求。服务企业也应在第一时间识别顾客产生的厌恶感等负面道德情绪，并采取情绪补救策略化解顾客的消极情绪，包括耐心聆听、真诚道歉、正视问题和主动承担责任等，以尽快消除企业不当行为对顾客造成的伤害，防止顾客转移、传播负面口碑等对企业不利行为的发生。

6.2.7 重视顾客关系建立和维护

服务企业应重视与顾客建立良好持久的互动关系，通过实施顾客关系管理、不断提高自身服务质量、加强与顾客的沟通等方式来维持和巩固良好的顾客关系。本研究发现，与企业具有不同关系类型的顾客对企业行为的感知也存在差异（Mathur et al., 2020），共有关系顾客看待问题会更感性，而交易关系顾客看待问题更理性客观。因此，服务企业应准确辨识顾客与自身的关系，明确顾客与本企业处于哪一类关系范畴，依据关系类型实现精准营销。在大数据时代背景下，企业可充分利用本企业顾客数据的可记录性和可追踪性，同时发挥一线员工的积极作用，线上线下联合开展顾客—企业关系调查，区分不同顾客与企业的关系类型。

7 亲顾客偏离行为的未来研究方向

7.1 深化亲顾客偏离行为的分维研究

本研究的系列子研究均将亲顾客偏离行为视为一个三维组合变量，即作为一个自变量直接探讨，尚未对其进行维度的细分研究。但实际上，亲顾客偏离行为的三个维度存在差异，即偏离组织规则的内容存在明显不同，在此呼吁未来研究对亲顾客偏离行为进行更深入的探讨，可对该行为进行维度的划分与探索，比较不同维度下的亲顾客偏离行为的驱动因素或行为后效是否不同，从而为服务企业干预亲顾客偏离行为提供更具针对性的管理建议。

7.2 开发本土化的亲顾客偏离行为量表

从既有文献来看，尽管 Leo 等（2014）等学者严格遵守量表开发程序，形成了亲顾客偏离行为的多维度量表，但仍存在不足：一是国内外对亲顾客偏离行为的探索仍处于起步阶段，亲顾客偏离行为多维量表的实证应用有限，其信度与效度仍有待验证；二是亲顾客偏离行为的概念和测量都是在西方服务组织情境下发展起来的，受文化差异的影响，中西方对道德行为的认知和判断存在显著差异。中国传统文化强调"仁、义、礼"的道德内核，主张"通权达变"；而西方道德价值观则信奉公平、正义（黄静 等，2016）。因此，中国传统文化对员工价值观的潜移默化的影响，可能会改变本土员工对亲顾客偏离行为的认知和判断，进而导致亲顾客偏离行为存在不同的操作化概念。因此，未来研究可立足于我国本土实践，开发中国情境下的亲顾客偏离行为量表，提高后续实证研究的精度。

7.3 探寻多元领导行为影响亲顾客偏离的跨层次、多路径机制

亲顾客偏离行为的影响因素研究成果相对丰富，但比较零散，有必要更加全面地考虑组织环境、员工特质、服务情景等因素，关注各影响因素之间的交互作用，厘清亲顾客偏离行为的跨层次、多路径形成机制。从管理实践来看，管理者是组织规则的制定者与监督者，是员工学习模仿的主要信息源，其管理风格、言行举止更是员工认知、判断当前情境是否应当实施亲顾客偏离行为的重要依据（刘效广 等，2018）。尽管本研究从服务型领导的视角，首次论证了服务型领导对亲顾客偏离行为的跨层次、多路径影响路径，但服务企业的领导风格和方式具有多样性。例如，威权型领导常以严格的制度规定来要求员工，甚至会对下属的提议进行批判与攻击，极大地抑制了员工创新的积极性（Duan et al.，2017），降低了员工在服务场景中实施亲顾客偏离行为的可能性。因此，结合管理实践，未来研究可以重点尝试以管理者层面为主线，构建和验证亲顾客偏离行为的跨层次、多路径理论模型图（见图7-1），从而破除单一层次或单一路径的视角局限，便于服务组织从各个层面对亲顾客偏离行为进行有效引导。

具体而言，依据社会交换理论和认知理论，情感关系、心理认知是管理层影响员工亲顾客偏离行为的解释机制。领导—成员交换关系是上下级间形成的情感交换关系，其关系质量的好坏与领导风格直接相关。威权型领

导注重权威，对下属严格要求，不利于良好的领导——成员交换关系质量的形成，员工无法获得上级支持和心理授权（马璐 等，2018），对亲顾客偏离行为会心存忌惮；而服务型领导给予了员工更多关爱及尊重，有利于形成良好的领导——成员交换关系质量（Liu，2013）。领导——成员关系质量越好，员工能得到更多情感信任（王弘钰 等，2019），心理安全感程度较高，"规则意识"也就越淡，确信亲顾客偏离行为不会引发上级反感等负面后果时，更可能实施亲顾客偏离行为（何琴清 等，2018）。例如，变革型领导鼓励下属创新、勇于承担风险（Alexakis，2011），在此类管理者的领导下，员工将默认管理者同意其采用越轨的方式为顾客服务，实施亲顾客偏离行为的可能性越大。

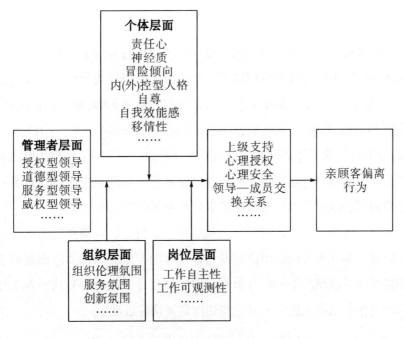

图 7-1　亲顾客偏离行为的跨层次、多路径理论

　　管理层对员工亲顾客偏离行为的影响受到个体因素、组织因素、岗位因素的调节。Crick 和 Dodge（1994）提出，个体对社会信息的加工将受到个人差异的影响，譬如，与冒险倾向弱的员工相比，冒险倾向强的员工更有可能违背威权型领导严格的命令，以偏离组织规则的方式帮助顾客。特质激活认为，个体还会根据不同的情境线索来改变行为决策（Tett et al.，2003），如良好的服务氛围体现了组织重视服务质量、支持员工提供优质服务意图（Tang et al.，2012），将进一步增强管理者因素与亲顾客偏离行为之间的积极关系，减少管理者因素与亲顾客偏离行为之间的消极关系。岗位因素赋予了员工改善服务或迎合顾客差异化需求的能力（Rafaeli et al.，2008）。当工作自主性较高时，员工拥有较高的自由度选择以何种方法或途径完成工作任务，削弱了领导者命令的直接影响。

7.4　亲顾客偏离行为后效研究的视角转向

本研究通过考察顾客响应来判断亲顾客偏离行为的服务价值，为探索亲顾客偏离行为的后效影响做出了开创性贡献。但相关研究始终没有突破"员工—顾客"的服务关系视角，忽视了边界员工行为对组织内部的影响。亲顾客偏离行为的发生场域涉及多元主体（Maglio et al.，2019；Vargo et al.，2016），除了外部顾客，还包括实施行为的焦点员工和作为旁观者的同事。并且，该行为偏离组织的正式规章制度、管理重点和难点都直接指向组织内部，故对行为后效的评估应综合考虑内部主体的反应。

因此，未来研究可以将服务企业边界员工与亲顾客偏离行为的后效研究由顾客外部视角转向组织内部视角，这有助于全面认识和深刻理解亲顾客偏离行为对组织产生的综合影响，推动边界员工行为研究从顾客主导逻辑向服务生态系统演进，从理论构建向实证检验迈进。

7.5　研究方法与场景的拓展

首先，在服务型领导驱动亲顾客偏离行为研究中，由于亲顾客偏离行为具有一定的隐匿性，通过问卷方式调查员工的亲顾客偏离行为都是让调研对象在无压力状态下进行自我报告，一次采集完所有变量的数据。但是，领导风格或者管理因素对员工心理变化和行为影响应该有一个过程，在不同时间点观察员工对管理者要素、自身心理状态和行为结果的判断应该能更加精确地反映管理者要素与员工亲顾客偏离行为的关系，未来可以使用历时研究设计揭示领导风格或行为对亲顾客偏离行为的影响。在有关亲顾客偏离行为顾客反应的探索性研究中，访谈采用了自传式回忆方法，因其特定消费经历与访谈之间的时间间隔可能存在记忆偏差而受到批评，未来研究可以尝试采用实地调查的方法来捕捉顾客的即时反应。

其次，先前的研究表明，不同文化背景的顾客对服务员工行为的感知是不同的。个人主义文化中的顾客往往比集体主义文化中的顾客要求更高效、无差错、个性化的服务。消费者在不同的文化背景下对亲顾客偏离行为的态度可能会有所不同。本研究的参与者全部是中国消费者，未来的研究可以将这项研究推广到其他文化背景下，确认有关亲顾客偏离行为的研究结论是否存在文化差异，从而提高研究结论的外部效度。

最后，本研究面向服务行业和服务型企业，实证部分的数据主要来自旅游接待业的服务场景，虽然旅游接待业是服务行业的典型代表，但未来研究可以将实证部分拓展至金融、零售等服务行业，拓展服务场景，比较研究结论。

参考文献

陈英和，白柳，李龙凤，2015. 道德情绪的特点、发展及其对行为的影响
　[J]. 心理与行为研究，13（5）：627-636.

杜建刚，范秀成，2007. 服务失败情境下顾客损失、情绪对补救预期和顾
　客抱怨倾向的影响 [J]. 南开管理评论，10（6）：4-10.

樊召锋，俞国良，2008. 自尊、归因方式与内疚和羞耻的关系研究 [J].
　心理学探新，28（4）：57-61.

费显政，游艳芬，杨辉，等，2011. 营销互动中的消费者内疚：对关键事
　件的探索性研究 [J]. 管理世界（9）：116-126.

韩雪，厉杰，2018. 我的职业我做主：使命感对职业生涯自我管理的影响
　研究 [J]. 中国人力资源开发，35（9）：6-15.

何华容，丁道群，2016. 内疚：一种有益的负性情绪 [J]. 心理研究，
　9（1）：3-8.

何琴清，何斌，张韫，等，2018. 服务型领导对新生代员工亲社会违规行
　为的影响：心理安全的中介作用 [J]. 当代财经（7）：69-78.

何燕珍，张瑞，2016. 授权型领导对服务类员工亲社会性违规行为的影响
　机理 [J]. 中国人力资源开发（2）：17-28.

胡家镜，万秋，熊林，2018. 顾客导向型偏离：酒店服务研究的新方向
　[J]. 旅游导刊，2（6）：69-74.

蒋丽芹，史敏，2017. 基于情绪感知的企业捐赠与消费者响应的关系 [J].

消费经济，33（4）：52-58.

蓝媛媛，屈晓婷，夏宇寰，2020. 服务型领导对员工创造力的影响：知识
    分享的中介作用与价值观一致性的调节作用 [J]. 中国人力资源开发，
    37（11）：37-49.

黎建新，罗晶，刘洪深，等，2014. 服务员工该如何应对顾客不兼容?：考
    察员工反应方式和努力程度的兼容性管理效果 [J]. 珞珈管理评论，
    8（2）：119-129.

李朋波，周莹，王震，等，2020. 借花献佛：顾客导向偏离行为 [J]. 心
    理科学进展，28（12）：2150-2159.

李天则，2018. 顾客导向真的贴心吗? 顾客导向偏差对顾客品牌态度的影
    响研究 [D]. 广州：暨南大学.

刘效广，王志浩，2018. 情与理对立视角下管理者亲社会违规对员工行为的
    影响机理：一项跨层次追踪研究 [J]. 心理科学进展，26（2）：191-203.

吕兴洋，徐虹，杨永梅，2011. 供应链视角下旅游者权力研究 [J]. 旅游
    学刊，26（11）：34-38.

田野，卢东，POWPAKA S，2015. 游客的敬畏与忠诚：基于情绪评价理论
    的解释 [J]. 旅游学刊，30（10）：80-88.

涂铭，2020. 顾客导向偏差的双刃剑效应 [J]. 中国流通经济，34（10）：
    80-89.

王弘钰，于佳利，2019. 组织创新氛围对越轨创新行为的影响机制研究
    [J]. 软科学，33（2）：126-129.

王建明，吴龙昌，2015. 亲环境行为研究中情感的类别、维度及其作用机
    理 [J]. 心理科学进展，23（12）：2153-2166.

王毅，刘钶，孙国辉，2020. 熟人还是陌生人，消费者为谁而改变?：不同
    类型的他人在场对消费者多样化寻求行为的影响 [J]. 中央财经大学学
    报（4）：91-97.

王莹，邓慧，蓝媛媛，2020. 同事无礼行为对员工工作退缩行为的影响：
    基于归属需求理论视角 [J]. 中国人力资源开发，37（12）：45-57.

徐世勇, 朱金强, 2017. 道德领导与亲社会违规行为: 双中介模型 [J]. 心理学报, 49 (1): 106-115.

张辉, 白长虹, 陈晔, 2012. 饭店员工心理所有权与跨界行为关系研究 [J]. 旅游学刊, 27 (4): 82-90.

张健东, 刘慧, 国伟, 2020. 阴还是晴? 领导情绪对员工工作投入的影响研究 [J]. 中国人力资源开发, 37 (4): 6-19.

周浩, 龙立荣, 王宇清, 2016. 整体公平感、情感承诺和员工偏离行为: 基于多对象视角的分析 [J]. 管理评论, 28 (11): 162-169.

AAKER J, 2000. Accessibility or diagnosticity? disentangling the influence of culture on persuasion processes and attitudes [J]. Journal of consumer research, 26 (4): 340-357.

AGGARWAL P, 2004. The effects of brand relationship norms on consumer attitudes and behavior [J]. Journal of consumer research, 31 (1): 87-101.

AGGARWAL P, LAW S, 2005. Role of relationship norms in processing brand information [J]. Journal of consumer research, 32 (3): 453-464.

Aggarwal P, Zhang M, 2006. The moderating effect of relationship norm salience on consumers' loss aversion [J]. Journal of consumer research, 33 (3): 413-419.

ALGOE S, HAIDT J, GABLE S, 2008. Beyond reciprocity: gratitude and relationships in everyday life [J]. Emotion, 8 (3): 425-429.

ALGOE S, ZHAOYANG, 2016. Positive psychology in context: effects of expressing gratitude in ongoing relationships depend on perceptions of enactor responsiveness [J]. The journal of positive psychology, 11 (4): 399-415.

ALLPRESS J A, BROWN R, GINER-SOROLLA R, et al., 2014. Two faces of group-based shame: moral shame and image shame differentially predict positive and negative orientations to ingroup wrongdoing [J]. Personality and social psychology bulletin, 40 (10): 1270-1284.

AMABILE T, CONTI R, COON H, et al., 1996. Assessing the work environment for creativity [J]. Academy of management journal, 39 (5): 1154-1184.

ANAYA G, MIAO L, MATTILA A, et al., 2016. Consumer envy during service encounters [J]. Journal of services marketing, 30 (3): 359-372.

ANTONETT P, BAINES P, 2015. Guilt in marketing research: an elicitation-consumption perspective and research agenda [J]. International journal of management reviews, 17 (3): 333-355.

ANTONETTI P, MAKLAN S, 2014. Exploring postconsumption guilt and pride in the context of sustainability [J]. Psychology & marketing, 31 (9): 717-735.

AQUINO K, BECKER T, 2005. Lying in negotiations: how individual and situational factors influence the use of neutralization strategies [J]. Journal of organizational behavior, 26 (6): 661-679.

ARICI H, ARICI N, KÖSEOGLU M, et al., 2021. Leadership research in the root of hospitality scholarship: 1960—2020 [J]. International journal of hospitality management, 99: 103063.

ARMSTRONG J, OVERTON T, 1977. Estimating nonresponse bias in mail surveys [J]. Journal of marketing research, 14 (3): 396-402.

ASSIOURAS I, SKOURTIS G, GIANNOPOULOS A, et al., 2019. Value co-creation and customer citizenship behavior [J]. Annals of tourism research, 78: 102742.

BAI Y, LIN L, LIU J, 2019. Leveraging the employee voice: a multi-level social learning perspective of ethical leadership [J]. The international journal of human resource management, 30 (12): 1869-1901.

BAKER W, BULKLEY N, 2014. Paying it forward versus rewarding reputation: mechanisms of generalized reciprocity [J]. Organization science, 25 (5): 1493-1510.

BANDURA A, 1977. Self-efficacy: toward a unifying theory of behavioral change [J]. Psychological review, 84 (2): 191-215.

BANDURA A, 1986. Social foundations of thought and action: a social cognitive view [M]. Englewood Cliffs: Prentice Hall.

BANDURA A, WALTERS R, 1977. Social learning theory [M]. Englewood Cliffs: Prentice Hall.

Baumeister R, Bratslavsky E, Finkenauer C, et al., 2001. Bad is stronger than good [J]. Review of general psychology, 5 (4): 323-370.

BAUMEISTER R, STILLWEL A, HEATHERTON T, 1994. Guilt: an interpersonal approach [J]. Psychological bulletin, 115 (2): 243-267.

BEATTY S, OGILVIE J, NORTHINGTON W, et al., 2016. Frontline service employee compliance with customer special requests [J]. Journal of service research, 19 (2): 158-173.

BETTENCOURT L, BROWN S, 1997. Contact employees: relationships among workplace fairness, job satisfaction and prosocial service behaviors [J]. Journal of retailing, 73 (1): 39-61.

BETTENCOURT L, BROWN S, 2003. Role stressors and customer-oriented boundary-spanning behaviors in service organizations [J]. Journal of the academy of marketing science, 31 (4): 394-408.

BLADER S, ROTHMAN N, 2014. Paving the road to preferential treatment with good intentions: empathy, accountability and fairness [J]. Journal of experimental social psychology, 50 (1): 65-81.

BOCK D, MANGUS S, FOLSE J, 2016. The road to customer loyalty paved with service customization [J]. Journal of business research, 69 (10): 3923-3932.

BOEKHORST J, 2015. The role of authentic leadership in fostering workplace inclusion: a social information processing perspective [J]. Human resource management, 54 (2): 241-264.

BOLLEN K, PEARL J, 2013. Eight myths about causality and structural equation models [M]. Dordrecht: Springer Netherlands.

BOOTH - KEWLEY S, LARSON G, MIYOSHI D, 2007. Social desirability effects on computerized and paper-and-pencil questionnaires [J]. Computers in human behavior, 23 (1): 463-477.

BOUKIS A, 2016. Achieving favourable customer outcomes through employee deviance [J]. The service industries journal, 36 (7-8): 319-338.

BOUKIS A, YALKIN C, 2019. Customer responses to employee deviance: a conservation of resources perspective [J]. Journal of customer behavior, 18 (3): 191-214.

BOVE L, PERVAN S, BEATTY S, et al., 2009. Service worker role in encouraging customer organizational citizenship behaviors [J]. Journal of business research, 62 (7): 698-705.

BOWONDER B, DAMBAL A, KUMAR S, et al., 2010. Innovation strategies for creating competitive advantage [J]. Research - technology management, 53 (3): 19-32.

BRADY M, VOORHEES C, BRUSCO M, 2012. Service sweethearting: its antecedents and customer consequences [J]. Journal of marketing, 76 (2): 81-98.

BREAUGH J, 1999. Further investigation of the work autonomy scales: two studies [J]. Journal of business and psychology, 13 (3): 357-373.

BREAUGH J, BECKER A, 1987. Further examination of the work autonomy scales: three studies [J]. Human relations (40): 381-400.

BRIEF A, MOTOWIDLO S, 1986. Prosocial organizational behaviors [J]. Academy of management review, 11 (4): 710-725.

BRISLIN R, 1970. Back-translation for cross-cultural research [J]. Journal of cross-cultural psychology, 1 (3): 185-216. .

BROCKHAUS R, 1980. Risk taking propensity of entrepreneurs [J]. Academy of management journal, 23 (3): 509-520.

BRYANT P, DAVIS C, HANCOCK J, et al., 2010. When rule makers become rule breakers: employee level outcomes of managerial pro-social rule breaking [J]. Employee responsibilities and rights journal (22): 101-112.

BUTORI R, BRUYN A, 2013. So you want to delight your customers: the perils of ignoring heterogeneity in customer evaluations of discretionary preferential treatments [J]. International journal of research in marketing, 30 (4): 358-367.

BUUNK B, VAN DER EIJNDEN R, 1997. Perceived prevalence, perceived superiority, and relationship satisfaction: most relationships are good, but ours is the best [J]. Personality and social psychology bulletin, 23 (3): 219-228.

CADWALLADER S, JARVIS C, BITNER M, et al., 2010. Frontline employee motivation to participate in service innovation implementation [J]. Journal of the academy of marketing science (38): 219-239.

CAO Y, YU H, WU Y, et al., 2015. Can money heal all wounds? social exchange norm modulates the preference for monetary versus social compensation [J]. Frontiers in psychology (6): 1411.

CARBONELL P, RODRÍGUEZ-ESCUDERO A, PUJARI D, 2009. Customer involvement in new service development: an examination of antecedents and outcomes [J]. Journal of product innovation management, 26 (5): 536-550.

CARLOS M, ANDRIOTIS K, RODRÍGUEZ - MUÑOZ G, 2020. Residents' perceptions of airport construction impacts: a negativity bias approach [J]. Tourism management, 77: 103983.

CARMELI A, SCHAUBROECK J, 2007. The influence of leaders' and other referents' normative expectations on individual involvement in creative work [J]. The leadership quarterly, 18 (1): 35-48.

CHAN J, GAO Y, MCGINLEY S, 2021. Updates in service standards in hotels: how COVID-19 changed operations [J]. International journal of contemporary hospitality management, 33 (5): 1668-1687.

CHAN K, YIM C, GONG T, 2019. An investigation of nonbeneficiary reactions to discretionary preferential treatments [J]. Journal of service research, 22 (4): 371-387.

CHEN W, 2016. The model of service - oriented organizational citizenship behavior among international tourist hotels [J]. Journal of hospitality and tourism management (29): 24-32.

CHEN Y, WANG L, LIU X, et al., 2019. The trickle-down effect of leaders' pro-social rule breaking: joint moderating role of empowering leadership and courage [J]. Frontiers in psychology (9): 2647.

CHEN Z, ZHU J, ZHOU M, 2015. How does a servant leader fuel the service fire? a multilevel model of servant leadership, individual self identity, group competition climate, and customer service performance [J]. Journal of applied psychology, 100 (2): 511-521.

CHIANG C, WU K, 2014. The influences of internal service quality and job standardization on job satisfaction with supports as mediators: flight attendants at branch workplace [J]. The international journal of human resource management, 25 (19): 2644-2666.

CHOI H, 2018. Investigating tourists' fun-eliciting process toward tourism destination sites: an application of cognitive appraisal theory [J]. Journal of travel research, 58 (5): 732-744.

CHON K, YU L, 1999. The international hospitality business: management and operations [M]. London: Routledge.

CHUGHTAI A, 2016. Servant leadership and follower outcomes: mediating effects of organizational identification and psychological safety [J]. The journal of psychology, 150 (7): 866-880.

CIAMPI F, DEMI S, MAGRINI A, et al., 2021. Exploring the impact of big data analytics capabilities on business model innovation: the mediating role of entrepreneurial orientation [J]. Journal of business research (123): 1-13.

CLARK M, MILLS J, 1979. Interpersonal attraction in exchange and communal

relationships [J]. Journal of personality and social psychology, 37 (1):
12-24.

CLARK M, MILS J, 1993. The difference between communal and exchange relationships: what it is and is not [J]. Personality and social psychology bulletin, 19 (6): 684-691.

COHEN J, 1988. Statistical power analysis for the behavioral sciences [M]. Mahwah: Lawrence Erlbaum Associates.

COHEN T, WOLF S, PANTER A, et al., 2011. Introducing the GASP scale: a new measure of guilt and shame proneness [J]. Journal of personality and social psychology, 100 (5): 947-966.

COLLIANDER J, SÖDERLUND M, MARDER B, 2019. Watching others receive unearned superior treatment: examining the effects on tourists who receive less than their peers [J]. Journal of travel research, 58 (7): 1175-1192.

COULSON A, MACLAREN A, MCKENZIE S, et al., 2014. Hospitality codes and social exchange theory: the pashtunwali and tourism in afghanistan [J]. Tourism management (45): 134-141.

CRICK N, DODGE K, 1994. A review and reformulation of social information-processing mechanisms in children's social adjustment [J]. Psychological bulletin, 115 (1): 74-101.

CROPANZANO R, MITCHELL M, 2005. Social exchange theory: an interdisciplinary review [J]. Journal of management, 31 (6): 874-900.

DAHLING J, CHAU S, MAYER D, et al., 2012. Breaking rules for the right reasons? an investigation of pro-social rule breaking [J]. Journal of organizational behavior, 33 (1): 21-42.

DANATZIS I, KARPEN I O, KLEINALTENKAMP M, 2022. Actor ecosystem readiness: understanding the nature and role of human abilities and motivation in a service ecosystem [J]. Journal of service research, 25 (2): 260-280.

DAUNT K, HARRIS L, 2014. Linking employee and customer misbehaviour:

the moderating role of past misdemeanours [J]. Journal of marketing management, 30 (3/4): 221-244.

DAVIDSON K, GOLDSMITH H, 2009. Handbook of affective sciences [M]. Oxford: Oxford University Press.

DAVIS D, CHOE E, MEYERS J, et al., 2016. Thankful for the little things: a meta-analysis of gratitude interventions [J]. Journal of counseling psychology, 63 (1): 20-31.

DESTENO D, BARTLETT M, BAUMANN J, et al., 2010. Gratitude as moral sentiment: emotion-guided cooperation in economic exchange [J]. Emotion, 10 (2): 289-293.

DETERT J, BURRIS E, 2007. Leadership behavior and employee voice: is the door really open? [J]. Academy of management journal, 50 (4): 869-884.

DILIELLO T, HOUGHTON J, DAWLEY D, 2011. Narrowing the creativity gap: the moderating effects of perceived support for creativity [J]. The journal of psychology, 145 (3): 151-172.

DO D, RAHMAN K, ROBINSON L, 2020. Determinants of negative customer engagement behaviours [J]. Journal of services marketing, 34 (2): 117-135.

EDDLESTON K, KIDDER D, LITZKY B, 2002. Who's the boss? contending with competing expectations from customers and management [J]. Academy of management perspectives, 16 (4): 85-95.

EHRHART M, 2004. Leadership and procedural justice climate as antecedents of unit-level organizational citizenship behavior [J]. Personnel psychology, 57 (1): 61-94.

EISENBERGER R, LYNCH P, ASELAGE J, et al., 2004. Who takes the most revenge? individual differences in negative reciprocity norm endorsement [J]. Personality and social psychology bulletin, 30 (6): 787-799.

ELCHE D, RUIZ-PALOMINO P, LINUESA-LANGREO J, 2020. Servant leadership and organizational citizenship behavior: the mediating effect of empathy and service climate [J]. International journal of contemporary hospitality management, 32 (6): 2035-2053.

ELKHWESKY Z, SALEM I, RAMKISSOON H, et al., 2022. A systematic and critical review of leadership styles in contemporary hospitality: a roadmap and a call for future research [J]. International journal of contemporary hospitality management, 34 (5): 1925-1958.

EMILISA N, KUSUMADITRA R, 2021. Servant leadershipv's dimensions and deviant workplace behavior: perspective at five-star hotels in jakarta indonesia [J]. Journal of management info, 8 (1): 56-67.

EVA N, ROBIN M, SENDJAYA S, et al., 2019. Servant leadership: a systematic review and call for future research [J]. The leadership quarterly, 30 (1): 111-132.

FAZEL-E-HASAN S, MORTIMER G, LINGS I, et al., 2019. Examining customer-oriented positive deviance intentions of retail employees [J]. International journal of retail & distribution management, 47 (8): 836-854.

FELDMAN J, LYNCH J, 1988. Self-generated validity and other effects of measurement on belief, attitude, intention, and behavior [J]. Journal of applied psychology, 73 (3): 421-435.

FISCHER A, ROSEMAN I, 2007. Beat them or ban them: the characteristics and social functions of anger and contempt [J]. Journal of personality and social psychology, 93 (1): 103-115.

FORNELL C, LARCKER D, 1981. Evaluating structural equation models with unobservable variables and measurement error [J]. Journal of marketing research, 18 (1): 39-50.

FU W, DESHPANDE S, 2014. The impact of caring climate, job satisfaction, and organizational commitment on job performance of employees in a China's insurance company [J]. Journal of business ethics, 124 (2): 339-349.

GAO Y, ZHANG L, WEI W, 2021. The effect of perceived error stability, brand perception, and relationship norms on consumer reaction to data breaches [J]. International journal of hospitality management, 94: 102802.

GHOSH A, SHUM C, 2019. Why do employees break rules? understanding organizational rule-breaking behaviors in hospitality [J]. International journal of hospitality management (81): 1-10.

GIST M, MITCHELL T, 1992. Self-efficacy: a theoretical analysis of its determinants and malleability [J]. Academy of management review, 17 (2): 183-211.

GLOMB T, BHAVE D, MINER A, et al., 2011. Doing good, feeling good: examining the role of organizational citizenship behaviors in changing mood [J]. Personnel psychology, 64 (1): 191-223.

GOFFMAN E, 1955. On face-work: an analysis of ritual elements in social interaction [J]. Psychiatry, 18 (3): 213-231.

GONG T, WANG C Y, LEE K, 2020. The consequences of customer-oriented constructive deviance in luxury-hotel restaurants [J]. Journal of retailing and consumer services, 57: 102254.

GONG J, XIE L, PENG J, et al., 2015. Customer responses to integrity issues for travel services in China: a content analysis based on online complaints [J]. International journal of contemporary hospitality management, 27 (2): 199-213.

GOUNARIS S, BOUKIS A, 2013. The role of employee job satisfaction in strengthening customer repurchase intentions [J]. Journal of services marketing, 27 (4): 322-333.

GRANT A, SONNENTAG S, 2010. Doing good buffers against feeling bad: prosocial impact compensates for negative task and self-evaluations [J]. Organizational behavior & human decision processes, 111 (1): 13-22.

GRAPPI S, ROMANI S, BAGOZZI R P, 2013. Consumer response to corporate irresponsible behavior: moral emotions and virtues [J]. Journal of business research (66): 1814-1821.

GREENBAUM R, BONNER J, GRAY T, et al., 2020. Moral emotions: a review and research agenda for management scholarship [J]. Journal of organizational behavior, 41 (2): 95-114.

GROTH M, 2005. Customers as good soldiers: examining citizenship behaviors in internet service deliveries [J]. Journal of management, 31 (1): 7-27.

GWINNER K, BITNER M, BROWN S, et al., 2005. Service customization through employee adaptiveness [J]. Journal of service research, 8 (2): 131-148.

HAHANG E, BAYRAKTAR S, JIMÉNEZ A, 2022. Early evidence of leadership skills and strategies in managing the impact of COVID-19 pandemic in the hospitality industry [J]. Cross cultural & strategic management, 29 (3): 493-515.

HAIDT J, 2003. The moral emotions [J]. Handbook of affective sciences, (11): 852-870.

HAIR J, ANDERSON R, TATHAM R, et al., 1998. Multivariate data analysis [M]. Englewood: Prentice Hall.

HALBESLEBEN J, NEVEU J, PAUSTIAN-UNDERDAHL S, et al., 2014. Getting to the COR: understanding the role of resources in Conservation of Resources Theory [J]. Journal of management, 40 (5): 1334-1364.

HANCOCK B, OCKLEFORD E, WINDRIDGE K, 2001. An introduction to qualitative research [M]. London: Trent Focus Group.

HARVEY P, MARTINKO M J, BORKOWSKI N, 2017. Justifying deviant behavior: the role of attributions and moral emotionsV [J]. Journal of business ethics, 141 (4): 779-795.

HAYES A, 2013. Introduction to mediation, moderation, and conditional process analysis: a regression-based approach [M]. New York: the Guilford Press.

HE Q, XIANG Y, DONG X, et al., 2021. Gratitude affects moral disgust: from the perspective of social norm theory [J]. PsyCh journal, 10 (3): 393-401.

HO T H, TOJIB D, TSARENKO Y, 2020. Human staff vs. service robot vs. fellow customer: does it matter who helps your customer following a service failure incident? [J] International journal of hospitality management, 87: 102501.

HOBFOLL S, 1989. Conservation of resources: a new attempt at conceptualizing stress [J]. American psychologist, 44 (3): 513-524.

HOBFOLL S, HALBESLEBEN J, NEVEU J, et al., 2018. Conservation of resources in the organizational context: the reality of resources and their consequences [J]. Annual review of organizational psychology and organizational behavior (5): 103-128.

HOMANS G, 1958. Social behavior as exchange [J]. The American journal of sociology, 63 (6): 597-606.

HSIEH Y, HSIEH A, 2001. Enhancement of service quality with job standardisation [J]. The service industries journal, 21 (3): 147-166.

HU F, TRIVEDI R, TEICHERT T, 2022. Using hotel reviews to assess hotel frontline employees' roles and performances [J]. International journal of contemporary hospitality management, 34 (5): 1796-1822.

HU J, XIONG L, LIU Y, et al., 2021a. Collision of customer requirements and organization rules: the antecedents and consequences of pro-customer deviance [J]. Human resources development of china, 38 (3): 48-62.

HU J, MA X, XU X, et al., 2022. Treat for affection? customers' differentiated responses to pro-customer deviance [J]. Tourism management, 93: 104619.

HU J, ZHANG M, MA X, et al., 2021. Customer response to pro-customer deviance behavior: a theoretical model based on moral emotion [J]. Advances in psychological science, 29 (12): 2119-2130.

HU L, BENTLER P M, 1999. Cutoff criteria for fit indexes in covariance structure analysis: conventional criteria versus new alternatives [J]. Structural equation modeling, 6 (1): 1-55.

HU X, XI L, KOU L, et al., 2021a. Macau residents' attitude towards the free independent travellers (FIT) policy: an analysis from the perspective of the ABC model and group comparison [J]. Asia Pacific journal of tourism research, 26 (9): 935-952.

HUERTAS-VALDIVIA I, GONZÁLEZ-TORRES T, NÁJERA-SÁNCHEZ J, 2022. Contemporary leadership in hospitality: a review and research agenda [J]. International journal of contemporary hospitality management, 34 (6): 2399-2422.

HUI M, AU K, FOCK H, 2004. Reactions of service employees to organization-customer conflict: a cross-cultural comparison [J]. International journal of research in marketing, 21 (2): 107-121.

HUR J, JANG S, 2016. Toward service recovery strategies: the role of consumer-organization relationship norms [J]. Journal of services marketing, 30 (7): 724-735.

HUTCHERSON C, GROSS J, 2011. The moral emotions: a social-functionalist account of anger, disgust, and contempt [J]. Journal of personality and social psychology, 100 (4): 719-737.

JIANG H, CHEN Y, SUN P, et al., 2017. The relationship between authoritarian leadership and employees' deviant workplace behaviors: the mediating effects of psychological contract violation and organizational cynicism [J]. Frontiers in psychology, 8: 732.

JIANG L, HOEGG J, DAHL D, 2013. Consumer reaction to unearned preferential treatment [J]. Journal of consumer research, 40 (3): 412-427.

JIANG W, GU Q, 2017. Leader creativity expectations motivate employee creativity: a moderated mediation examination [J]. International journal of human resource management, 28 (5): 724-749.

JUNG J, YOO J, 2019. The effects of deviant customer-oriented behaviors on service friendship: the moderating role of co‑production [J]. Journal of retailing and consumer services (48): 60-69.

KANG J, HYUN S, 2012. Effective communication styles for the customer‑oriented service employee: inducing dedicational behaviors in luxury restaurant patrons [J]. International journal of hospitality management, 31 (3): 772-785.

KARATEPE O, ABORAMADAN M, DAHLEEZ K, 2020. Does climate for creativity mediate the impact of servant leadership on management innovation and innovative behavior in the hotel industry? [J]. International journal contemporary hospitality management, 32 (8): 2497-2517.

KAUPPILA O, EHRNROOTH M, MÄKELÄ K, et al., 2022. Serving to help and helping to serve: using servant leadership to influence beyond supervisory relationships [J]. Journal of management, 48 (3): 764-790.

KAYA B, KARATEPE O, 2020. Does servant leadership better explain work engagement, career satisfaction and adaptive performance than authentic leadership? [J]. International journal of contemporary hospitality management, 32 (6): 2075-2095.

KELLEY S, 1993. Discretion and the service employee [J]. Journal of retailing, 69 (1): 104-126.

KIM H, STEPCHENKOVA S, 2015. Effect of tourist photographs on attitudes towards destination: manifest and latent content [J]. Tourism management (49): 29-41.

KIM K, BAKER M, 2020. The customer isn't always right: the implications of illegitimate complaints [J]. Cornell hospitality quarterly, 61 (2): 113-127.

KIM W, 2009. Customers' responses to customer orientation of service employees in full‑service restaurants: a relational benefits perspective [J]. Journal of quality assurance in hospitality and tourism, 10 (3): 153-174.

KING C, 1995. What is hospitality? [J] International journal of hospitality management, 14 (3-4): 219-234.

KINGSHOTT R, GAUR S, SHARMA P, et al., 2020. Made for each other? psychological contracts and service brands evaluations [J]. Journal of services marketing, 35 (3): 271-286.

KLAUS P, MAKLAN S, 2012. EXQ: a multiple-item scale for assessing service experience [J]. Journal of service management, 23 (1): 5-33.

KLINE R, 1998. Principles and practice of structural equation modeling [M]. New York: the Guilford Press.

KLUEMPER D, MCLARTY B, BING M, 2015. Acquaintance ratings of the big five personality traits: incremental validity beyond and interactive effects with self-reports in the prediction of workplace deviance [J]. Journal of applied psychology, 100 (1): 237-248.

KOHLBERG L, HERSH H, 1977. Moral development: a review of the theory [J]. Theory into practice, 16 (2): 53-59.

KONG M, JOGARATNAM G, 2007. The influence of culture on perceptions of service employee behavior [J]. Managing service quality, 17 (3): 275-297.

KWON J, VOGT C, 2010. Identifying the role of cognitive, affective, and behavioral components in understanding residents' attitudes toward place marketing [J]. Journal of travel research, 49 (4): 423-435.

LASTNER M, FOLSE J, MANGUS S, et al., 2016. The road to recovery: overcoming service failures through positive emotions [J]. Journal of business research, 69 (10): 4278-4286.

LAYOUS K, SWEENY K, ARMENTA C, et al., 2017. The proximal experience of gratitude [J]. PloS one, 12 (7): 179123.

LAZARUS R, 1991. Progress on a cognitive-motivational-relational theory of emotion [J]. American psychologist, 46 (8): 819-834.

LEBRETON J, SENTER J, 2008. Answers to 20 questions about interrater reliability and interrater agreement [J]. Organizational research methods,

11 (4): 815-852.

LEISCHNIG A, KASPER-BRAUER K, THORNTON S, 2018. Spotlight on customization: an analysis of necessity and sufficiency in services [J]. Journal of business research, 89: 385-390.

LEO C, RUSSELL - BENNETT R, 2012. Investigating customer - oriented deviance (COD) from a frontline employee's perspective [J]. Journal of marketing management, 28 (7-8): 865-886.

LEO C, RUSSELL-BENNETT R, 2014. Developing a multidimensional scale of customer - oriented deviance (COD) [J]. Journal of business research, 67 (6): 1218-1225.

LEUNG F, KIM S, TSE C, 2020. Highlighting effort versus talent in service employee performance: customer attributions and responses [J]. Journal of marketing, 84 (3): 106-121.

LEWIS B, MCCANN P, 2004. Service failure and recovery: evidence for the hotel sector [J]. International journal of contemporary hospitality management, 16 (1): 6-17.

LI F Y, LIU B, LIN W, et al., 2021. How and when servant leadership promotes service innovation: a moderated mediation model [J]. Tourism management, 86: 104358.

LI S, HE W, YAM K, et al., 2015. When and why empowering leadership increases followers' taking charge: a multilevel examination in China [J]. Asia pacific journal of management, 32 (3): 645-670.

LIAO H, HUANG L, HU B, 2022. Conservation of resources theory in the organizational behavior context: theoretical evolution and challenges [J]. Advances in psychological science, 30 (2): 449-463.

LIDEN R, WAYNE S, LIAO C, et al., 2014. Servant leadership and serving culture: influence on individual and unit performance [J]. Academy of management journal, 57 (5): 1434-1452.

LING Q, LIN M, WU X, 2016. The trickle-down effect of servant leadership on frontline employee service behaviors and performance: a multilevel study of Chinese hotels [J]. Tourism management (52): 341-368.

LINNEBERG M, KORSGAARD S, 2019. Coding qualitative data: a synthesis guiding the novice [J]. Qualitative research journal, 19 (3): 259-270.

LITZKY B, EDDLESTON K, KIDDER D, 2006. The good, the bad, and the misguided: how managers inadvertently encourage deviant behaviors [J]. Academy of management perspectives, 20 (1): 91-103.

LUGOSI P, 2019. Deviance, deviant behaviour and hospitality management: sources, forms and drivers [J]. Tourism management (74): 81-98.

LV W, SHEN L, TSAI C, et al., 2022. Servant leadership elevates supervisor-subordinate guanxi: an investigation of psychological safety and organizational identification [J]. International journal of hospitality management, 101: 103114.

MA Y, FARAZ N, AHMED F, et al., 2021. Curbing nurses' burnout during covid-19: the roles of servant leadership and psychological safety [J]. Journal of nursing management, 29 (8): 2383-2391.

MAAK T, 2008. Undivided corporate responsibility: towards a theory of corporate integrity [J]. Journal of business ethics, 82 (2): 353-368.

MALHOTRA N, SAHADEV S, PURANI K, 2017. Psychological contract violation and customer intention to reuse online retailers: exploring mediating and moderating mechanisms [J]. Journal of business research (75): 17-28.

MALLE B, PEARCE G, 2001. Attention to behavioral events during interaction: two actor-observer gaps and three attempts to close them [J]. Journal of personality and social psychology, 81 (2): 278-294.

MARINOVA S, PENG C, LORINKOVA, et al., 2015. Change-oriented behavior: a meta-analysis of individual and job design predictors [J]. Journal of vocational behavior, 88: 104-120.

MATHUR P, JAIN S, 2020. Not all that glitters is golden: the impact of procedural fairness perceptions on firm evaluations and customer satisfaction with favorable outcomes [J]. Journal of business research (117): 357-367.

MAY D, GILSON R, HARTER L, 2004. The psychological conditions of meaningfulness, safety and availability and the engagement of the human spirit at work [J]. Journal of occupational and organizational psychology, 77 (1): 11-37.

MAYER R, DAVIS J, SCHOORMAN F, 1995. An integrative model of organizational trust [J]. Academy of management review, 20 (3): 709-734.

MCCULLOUGH M, EMMONS R, TSANG J, 2002. The grateful disposition: a conceptual and empirical topography [J]. Journal of personality and social psychology, 82 (1): 112-127.

MCCULLOUGH M, TSANG J, EMMONS R, 2004. Gratitude in intermediate affective terrain: links of grateful moods to individual differences and daily emotional experience [J]. Journal of personality and social psychology, 86 (2): 295-309.

MCNULTY J, DUGAS A, 2019. A dyadic perspective on gratitude sheds light on both its benefits and its costs: evidence that low gratitude acts as a "weak link" [J]. Journal of family psychology, 33 (7): 876-881.

MENGUC B, BOICHUK J, 2012. Customer orientation dissimilarity, sales unit identification, and customer-directed extra-role behaviors: understanding the contingency role of coworker support [J]. Journal of business research, 65 (9): 1357-1363.

MENON G, RAGHUBIR P, SCHWARZ N, 1995. Behavioral frequency judgments: an accessibility - diagnosticity framework [J]. Journal of consumer research, 22 (2): 212-228.

MICHL P, MEINDL T, MEISTER F, et al., 2014. Neurobiological underpinnings of shame and guilt: a pilot of MRI study [J]. Social cognitive and affective neuroscience, 9 (2): 150-157.

MILES M, HUBERMAN A, 1994. Qualitative data analysis: an expanded sourcebook [M]. Calif: Sage.

MITREGA M, KLÉZL V, SPÁČIL V, 2022. Systematic review on customer citizenship behavior: clarifying the domain and future research agenda [J]. Journal of business research, 140: 25-39.

MOLL J, DE OLIVEIRA-SOUZA R, ESLINGER P, et al., 2002. The neural correlates of moral sensitivity: a functional magnetic resonance imaging investigation of basic and moral emotions [J]. Journal of neuroscience, 22 (7): 2730-2736.

MORRISON E, 2006. Doing the job well: an investigation of pro-social rule breaking [J]. Journal of management, 32 (1): 5-28.

MORTIMER G, FAZAL-E-HASAN S, STREBEL J, 2021. Examining the consequences of customer-oriented deviance in retail [J]. Journal of retailing and consumer services, 58: 102315.

MORTIMER G, WANG S, 2021. Examining the drivers of deviant service adaption in fashion retailing: the role of tenure [J]. Journal of fashion marketing and management: an international journal, 26 (2): 221-246.

NAMKUNG Y, JANG S, ALMANZA B, et al., 2009. Identifying the underlying structure of perceived service fairness in restaurants [J]. International journal of contemporary hospitality management, 21 (4): 375-392.

NELISSEN R, DIJKER A, DEVRIES N, 2007. How to turn a hawk into a dove and vice versa: interactions between emotions and goals in a give-some dilemma game [J]. Journal of experimental social psychology, 43 (2): 280-286.

NEWMAN A, SCHWARZ G, COOPER B, et al., 2017. How servant leadership influences organizational citizenship behavior: the roles of LMX, empowerment, and proactive personality [J]. Journal of business ethics, 145 (1): 49-62.

NEWMAN A, TSE H, SCHWARZ G, et al., 2018. The effects of employees' creative self-efficacy on innovative behavior: the role of entrepreneurial leadership [J]. Journal of business research (89): 1-9.

NGUYEN B, KLAUS P, SIMKIN L, 2014. It's just not fair: exploring the effects of firm customization on unfairness perceptions, trust and loyalty [J]. Journal of services marketing, 28 (6): 484-497.

NUNNALLY J, 1978. Psychometric Theory [M]. 2nd ed. New York: McGraw-Hill.

OC B, 2018. Contextual leadership: a systematic review of how contextual factors shape leadership and its outcomes [J]. The leadership quarterly, 29 (1): 218-235.

OC B, BASHSHUR M, MOORE C, 2015. Speaking truth to power: the effect of candid feedback on how individuals with power allocate resources [J]. Journal of applied psychology, 100 (2): 450-463.

ORTONY A, CLORE G, COLLINS A, 1988. The cognitive structure of emotions [J]. Contemporary sociology, 18 (6): 957-958.

OSTROM T, 1969. The relationship between the affective, behavioral, and cognitive components of attitude [J]. Journal of experimental social psychology, 5 (1): 12-30.

OUYANG X, LIU Z, GUI C, 2021. Creativity in the hospitality and tourism industry: a meta-analysis [J]. International journal of contemporary hospitality management, 33 (10): 3685-3704.

OZTURK A, KARATEPE O, OKUMUS F, 2021. The effect of servant leadership on hotel employees' behavioral consequences: work engagement versus job satisfaction [J]. International journal of hospitality management, 97: 202994.

PALMATIER R, JARVIS C, BECHKOFF J, et al., 2009. The role of customer gratitude in relationship marketing [J]. Journal of marketing, 73 (5): 1-18.

PANACCIO A, HENDERSON D, LIDEN R, et al., 2015. Toward an understanding of when and why servant leadership accounts for employee extra-role behaviors [J]. Journal of business and psychology, 30 (4): 657-675.

PARBOTEEAH K, KAPP E, 2008. Ethical climates and workplace safety behaviors: an empirical investigation [J]. Journal of business ethics, 80 (3): 515-529.

PARK J, LEE H, KIM C, 2014. Corporate social responsibilities, consumer trust and corporate reputation: South Korean consumers' perspectives [J]. Journal of business research (67): 295-302.

PARKS J, MA L, GALLAGHER D, 2010. Elasticity in the "rules" of the game: exploring organizational expedience [J]. Human relations, 63 (5): 701-730.

PATTON M, 1999. Enhancing the quality and credibility of qualitative analysis [J]. Health services research, 34 (5): 1189-1208.

PAULSSEN M, BRUNNEDER J, SOMMERFELD A, 2019. Customer in-role and extra-role behaviours in a retail setting: the differential roles of customer-company identification and overall satisfaction [J]. European journal of marketing, 53 (12): 2501-2529.

PAVLOU P, GEFEN D, 2005. Psychological contract violation in online marketplaces: antecedents, consequences, and moderating role [J]. Information systems research, 16 (4): 372-399.

PEETERS G, CZAPINSKI J, 1990. Positive-negative asymmetry in evaluations: the distinction between affective and informational negativity effects [J]. European review of social psychology, 1 (1): 33-60.

PENG J, YANG X, HUAN T C, 2022. The effects of empowering leadership on employee adaptiveness in luxury hotel services: evidence from a mixed-methods research [J]. International journal of hospitality management, 101: 103113.

PODSAKOFF P, MACKENZIE S, LEE J, et al., 2003. Common method biases in behavioral research: a critical review of the literature and recommended remedies [J]. Journal of applied psychology, 88 (5): 879-903.

PODSAKOFF P, ORGAN D, 1986. Self-Reports in organizational research: problems and prospects [J]. Journal of management, 12 (4): 531-544.

PUCCINELLI N, MOTYKA S, GREWAL D, 2010. Can you trust a customer's expression? insights into nonverbal communication in the retail context [J]. Psychology & marketing, 27 (10): 964-988.

QI X, 2011. Face: a Chinese concept in a global sociology [J]. Journal of sociology, 47 (3): 279-295.

QIU S, DOOLEY L, AXIE L, 2020. How servant leadership and self-efficacy interact to affect service quality in the hospitality industry: a polynomial regression with response surface analysis [J]. Tourism management, 78: 104051.

RAHAMAN H, KWAN H, BABALOLA M, et al., 2023. Putting customer service at risk: why and when family ostracism relates to customer-oriented behaviors [J]. International journal of hospitality management, 109: 103390.

REES J, ALLPRESS J, BROWN R, 2013. Nie wieder: group-based emotions for in-group wrongdoing affect attitudes toward unrelated minorities [J]. Political psychology, 34 (3): 387-407.

REES J, KLUG S, BAMBERG S, 2015. Guilty conscience: motivating pro-environmental behavior by inducing negative moral emotions [J]. Climatic change, 130 (3): 439-452.

REN F, ZHANG J, 2015. Job stressors, organizational innovation climate, and employees' innovative behavior [J]. Creativity research journal, 27 (1): 16-23.

RITCHIE T, SKOWRONSKI J, WOOD S, et al., 2006. Event self-importance, event rehearsal, and the fading affect bias in autobiographical memory [J]. Self and identity (5): 172-195.

ROBINSON S, MORRISON E, 2000. The development of psychological contract breach and violation: a longitudinal study [J]. Journal of organizational behavior, 21 (5): 525-546.

ROTUNDO M, SACKETT P, 2002. The relative importance of task, citizenship, and counterproductive performance to global ratings of job performance: a policy - capturing approach [J]. Journal of applied psychology, 87 (1): 66-80.

ROUSSEAU D, TIJORIWALA S, 1998. Assessing psychological contracts: issues, alternatives and measures [J]. Journal of organizational behavior (19): 679-695.

ROY S, 2015. Modeling customer advocacy: a pls path modeling approach [J]. Journal of strategic marketing, 23 (5): 380-398.

ROZIN P, LOWERY L, IMADA S, et al., 1999. The CAD triad hypothesis: a mapping between three moral emotions (contempt, anger, disgust) and three moral codes (community, autonomy, divinity) [J]. Journal of personality and social psychology, 76 (4): 574-586.

ROZIN P, ROYZMAN E, 2001. Negativity bias, negativity dominance, and contagion [J]. Personality and social psychology review, 5 (4): 296-320.

RUDOLPH U, TSCHARAKTSCHIEW N, 2014. An attributional analysis of moral emotions: naïve scientists and everyday judges [J]. Emotion review, 6 (4): 344-352.

RUIZ-PALOMINO P, HERNÁNDEZ-PERLINES F, JIMÉNEZ-ESTÉVEZ P, et al., 2019. CEO servant leadership and firm innovativeness in hotels: a multiple mediation model of encouragement of participation and employees' voice [J]. International journal of contemporary hospitality management, 31 (4): 1647-1665.

RUIZ-PALOMINO P, ZOGHBI-MANRIQUE-DE-LARA P, 2020. How and when servant leaders fuel creativity: the role of servant attitude and intrinsic motivation [J]. International journal of hospitality management, 89: 102537.

SAXE R, WEITZ B, 1982. The SOCO scale: a measure of the customer orientation of salespeople [J]. Journal of marketing research, 19 (3): 343-351.

SCHNALL S, HAIDT J, CLORE G, et al., 2008. Disgust as embodied moral judgment [J]. Personality and social psychology bulletin, 34 (8): 1096-1109.

SENDJAYA S, EVA N, BUTAR-BUTAR I, et al., 2019. SLBS-6: validation of a short form of the servant leadership behavior scale [J]. Journal of business ethics, 156 (4): 941-956.

SHEIKH S, JANOFF-BULMAN R, 2010. The "shoulds" and "should nots" of moral emotions: a self-regulatory perspective on shame and guilt [J]. Personality and social psychology bulletin, 36 (2): 213-224.

SHEPHERD L, SPEARS R, MANSTEAD A, 2013. When does anticipating group-based shame lead to lower ingroup favoritism? the role of status and status stability [J]. Journal of experimental social psychology, 49 (3): 334-343.

SHI F, SHI D, WEAVER D, et al., 2021. Adapt to not just survive but thrive: resilience strategies of five-star hotels at difficult times [J]. International journal of contemporary hospitality management, 33 (9): 2886-2906.

SHODA Y, MISCHEL W, 1996. Toward a unified, intra-individual dynamic conception of personality [J]. Journal of research in personality, 30 (3): 414-428.

SITKIN S, PABLO A, 1992. Reconceptualizing the determinants of risk behavior [J]. Academy of management review, 17 (1): 9-38.

SKARLICKI D, HOEGG J, AQUINO K, et al., 2013. Does injustice affect your sense of taste and smell? the mediating role of moral disgust [J]. Journal of experimental social psychology, 49 (5): 852-859.

SMITH C, ELLSWORTH P, 1987. Patterns of appraisal and emotion related to taking an exam [J]. Journal of personality & social psychology, 52 (3):

475-488.

SÖDERLUND M, LILJANDER V, GUMMERUS J, et al., 2014. Preferential treatment in the service encounter [J]. Journal of service management, 25 (4): 512-530.

SOLOMON M, 2011. Consumer behavior: buying, having, and being [J]. Pearson, 14 (2): 116-124.

SOLOMON M, SURPRENANT C, CZEPIEL J, et al., 1985. A role theory perspective on dyadic interactions: the service encounter [J]. Journal of marketing, 49 (1): 99-111.

SONG B, TAO W, WEN T, 2021. Building consumer communal relationships through cause-related marketing: from the perspective of persuasion knowledge [J]. Journal of consumer behaviour, 20 (6): 1388-1402.

SONG Y, ZHANG M, HU J, et al., 2022. Dancing with service robots: the impacts of employee-robot collaboration on hotel employees' job crafting [J]. International journal of hospitality management, 103: 103220.

SPREITZER G, 1995. Psychological empowerment in the workplace: dimensions, measurement, and validation [J]. Academy of management journal, 38 (5): 1442-1465.

SPREITZER G, SONENSHEIN S, 2004. Toward the construct definition of positive deviance [J]. American behavioral scientist, 47 (6): 828-847.

STAJKOVIC A, LUTHANS F, 1998. Self-efficacy and work-related performance: a meta-analysis [J]. Psychological bulletin, 124 (2): 240-261.

STAW B, BOETTGER R, 1990. Task revision: a neglected form of work performance [J]. Academy of management journal, 33 (3): 534-559.

STEMLER S, 2001. An overview of content analysis [J]. Practical assessment, research & evaluation, 7 (17): 1-9.

STETS J, CARTER M, HARROD M, et al., 2008. The moral identity, status, moral emotions, and the normative order [J]. Social structure and emotion

(12): 227-251.

TANFORD S, RAAB C, KIM Y, 2012. Determinants of customer loyalty and purchasing behavior for full-service and limited-service hotels [J]. International journal of hospitality management, 31 (2): 319-328.

TANGNEY J, MILLER R, FLICKER L, et al., 1996. Are shame, guilt, and embarrassment distinct emotions? [J] Journal of personality and social psychology, 70 (6): 1256-1269.

TANGNEY J, STUEWIG J, MASHEK D, 2007. Moral emotions and moral behavior [J]. Annual review of psychology (58): 345-372.

TEN BRUMMELHUIS, BAKKER A, 2012. A resource perspective on the work-home interface: the work-home resources model [J]. American psychologist, 67 (7): 545-556.

THEOTOKIS A, PRAMATARI K, TSIROS, 2012. Effects of expiration date-based pricing on brand image perceptions [J]. Journal of retailing, 88 (1): 72-87.

TIERNEY P, FARMER S M, 2011. Creative self-efficacy development and creative performance over time [J]. Journal of applied psychology, 96 (2): 277-293.

TOMARKEN A, WALLER N, 2005. Structural equation modeling: strengths, limitations, and misconceptions [J]. Annual review of clinical psychology (1): 31-65.

TONG Z, XIE Y, XIAO H, 2021. Effect of CSR contribution timing during COVID-19 pandemic on consumers' prepayment purchase intentions: evidence from hospitality industry in China [J]. International journal of hospitality management (97): 102997.

TRACY J, ROBINS R, 2006. Appraisal antecedents of shame and guilt: support for a theoretical model [J]. Personality & social psychology bulletin, 32 (10): 1339-1351.

TSANG J, MARTIN S, 2019. Four experiments on the relational dynamics and prosocial consequences of gratitude [J]. The journal of positive psychology, 14 (2): 188-205.

TUAN L, 2022. Tourism employee ambidexterity: the roles of servant leadership, job crafting, and perspective taking [J]. Journal of hospitality and tourism management (51): 53-66.

TUNG V, CHEN P, SCHUCKERT M, 2017. Managing customer citizenship behaviour: the moderating roles of employee responsiveness and organizational reassurance [J]. Tourism management (59): 23-35.

TYBUR J M, LIEBERMAN D, GRISKEVICIUS V, 2009. Microbes, mating, and morality: individual differences in three functional domains of disgust [J]. Journal of personality and social psychology, 97 (1): 103-122.

URBAN G, 2005. Customer advocacy: a new era in marketing? [J]. Journal of public policy & marketing, 24 (1): 155-159.

VALOR C, ANTONETTI P, CARRERO I, 2018. Stressful sustainability: a hermeneutic analysis [J]. European journal of marketing, 52 (3-4): 550-574.

VARDAMAN J, GONDO M, ALLEN D, 2014. Ethical climate and pro-social rule breaking in the workplace [J]. Human resource management review, 24 (1): 108-118.

VARGO S, LUSCH R, 2016. Institutions and axioms: an extension and update of service-dominant logic [J]. Journal of the academy of marketing science, 44 (1): 5-23.

VIGLIA G, DOLNICAR S, 2020. A review of experiments in tourism and hospitality [J]. Annals of tourism research, 80: 102858.

VOORHEES C, BRADY M, CALANTONE R, et al., 2016. Discriminant validity testing in marketing: an analysis, causes for concern, and proposed remedies [J]. Journal of the academy of marketing science, 44 (1): 119-134.

WAGNER T, HENNIG-THURAU T, RUDOLPH T, 2009. Does customer demotion jeopardize loyalty? [J] Journal of marketing, 73 (3): 69-85.

WALSH K, 2003. Qualitative research: advancing the science and practice of hospitality [J]. Cornell hotel and restaurant administration quarterly, 44 (2): 66-74.

WAN L, HUI M, WYER R, 2011. He role of relationship norms in responses to service failures [J]. Journal of business research, 38 (2): 260-277.

WANG A, CHENG B, 2010. When does benevolent leadership lead to creativity? the moderating role of creative role identity and job autonomy [J]. Journal of organizational behavior, 31 (1): 106-121.

WANG H, YANG G, JIANG H, et al., 2013. The dilution of country typicality in country of origin effects based on the transnational brand alliances context [J]. Journal of marketing science, 9 (1): 18-31.

WANG Y, HSIEH H, 2013. Organizational ethical climate, perceived organizational support, and employee silence: a cross-level investigation [J]. Human relations, 66 (6): 783-802.

WESTLAND J, 2010. Lower bounds on sample size in structural equation modeling [J]. Electronic commerce research and applications, 9 (6): 476-487.

WILDER K, COLLIER J, BARNES D, 2014. Tailoring to customers' needs: understanding how to promote an adaptive service experience with frontline employees [J]. Journal of service research, 17 (4): 446-459.

WINSTED K, 2000. Service behaviors that lead to satisfied customers [J]. European journal of marketing, 34 (3/4): 399-417.

WOOD A, MALTBY J, STEWART N, et al., 2008. A social-cognitive model of trait and state levels of gratitude [J]. Emotion, 8 (2): 281-290.

WU L, TSE E, FU P, et al., 2013. The impact of servant leadership on hotel employees "servant behavior" [J]. Cornell hospitality quarterly, 54 (4): 383-395.

WU L, MATTILA A, HAN J, 2014. Territoriality revisited: other customer's perspective [J]. International journal of hospitality management (38): 48-56.

XIA L, KUKAR-KINNEY M, 2014. For our valued customers only: examining consumer responses to preferential treatment practices [J]. Journal of business research, 67 (11): 2368-2375.

XIE C, BAGOZZI R, GRØNHAUG K, 2015. The role of moral emotions and individual differences in consumer responses to corporate green and non-green actions [J]. Journal of the academy of marketing science, 43 (3): 333-356.

YI Y, GONG T, 2013. Customer value co-creation behavior: scale development and validation [J]. Journal of business research, 66 (9): 1279-1284.

YI Y, GONG T, LEE H, 2013. The impact of other customers on customer citizenship behavior [J]. Psychology & marketing, 30 (4): 341-356.

YING T, TAN X, WEI W, et al., 2021. "I have to watch my back": exploring Chinese hotel guests' generalized distrust and coping behavior [J]. Tourism management, 86: 104355.

YOELI E, HOFFMAN M, RAND D G, et al., 2013. Powering up with indirect reciprocity in a large-scale field experiment [J]. Proceedings of the national academy of sciences, 110: 10424-10429.

YU X, XU H, 2018. Moral gaze at literary places: experiencing "being the first to worry and the last to enjoy" at Yueyang Tower in China [J]. Tourism management (65): 292-302.

ZEELENBERG M, PIETERS R, 2004. Beyond valence in customer dissatisfaction: a review and new findings on behavioral responses to regret and disappointment in failed services [J]. Journal of business research, 57 (4): 445-455.

ZHOU J, GEORGE J, 2001. When job dissatisfaction leads to creativity: encouraging the expression of voice [J]. Academy of management journal, 44 (4): 682-696.

附录1：访谈提纲

面向员工的访谈提纲：

1. 您是否实施过我们刚才介绍的此类行为（亲顾客偏离行为）？无论实施与否，请详细介绍当时的情况。

2. 您实施或不实施该行为的原因或动机是什么？

3. 您实施该行为时的心理状态是怎样的？

4. 请问当时顾客的反应如何？

5. 您认为这种行为在服务企业的一线员工中普遍吗？为什么？

6. 总体而言，您如何评价该行为？

面向顾客的访谈提纲：

1. 您是否经历过我们刚才介绍的此类行为（亲顾客偏离行为）？如果没有，是否听说过或看到过？请详细介绍具体经过。

2. 您如何看待或者评价员工的此类行为？

3. 您对该行为的感受是什么？

4. 该员工的此类行为是否影响您的服务消费意愿或行为？如果是，如何影响，请详细介绍。

面向管理层的访谈提纲：

1. 您或者企业层面是否关注到过员工的亲顾客偏离行为？

2. 您或者企业层面如何看待或评价员工的亲顾客偏离行为？

3. 您或者企业层面是否系统跟踪、分析过员工的亲顾客偏离行为？

4. 您或者企业层面是否了解过顾客对该行为的反应？

5. 您或者企业层面如何处理或干预员工的亲顾客偏离行为？

附录 2：相关变量测量量表

变量	题项
服务型领导	我的经理把我的职业发展放在首位
	如果我遇到个人问题，我会向我的经理寻求帮助
	我的经理将我的最大利益置于他/她自己的利益之上
	我的经理给予我自由，让我以自己认为最好的方式处理困难情况
	我的经理不会为取得成功而损害道德原则
感知组织创新支持	我工作的酒店鼓励创新
	我们创造性地开展工作的能力得到了领导层的肯定
	我们酒店的奖励制度鼓励创新
	我们的酒店公开表彰那些具有创新精神的人
工作自主性	我可以决定如何完成我的工作
	我能够选择工作方式
	我可以自由选择开展工作的方法
	我可以控制我的工作时间安排
	我对工作活动的顺序（何时做什么）有一定的控制权
	我可以决定何时进行特定的工作活动
	我可以修改正常的工作标准去强调一些特殊的工作条件
	我能够修改我的工作目标
	我可以控制我应该完成的任务

变量	题项
创新自我效能	我将能够以创造性的方式实现我为自己设定的大部分目标
	我确信自己会创造性地完成困难的任务
	总的来说,我认为我可以用创造性的方式取得对我来说重要的成果
	我相信,只要我下定决心,就能在大多数创造性工作中取得成功
	我将能够创造性地克服许多挑战
	我有信心能够创造性地完成许多不同的任务
	与其他人相比,我能创造性地完成大多数任务
	即使遇到困难,我也能表现得很有创造力
亲顾客偏离行为	即使会让顾客望而却步,我也会如实介绍我们的产品
	我对顾客的产品选择直言不讳,哪怕是负面的选择
	即使顾客不购买我们的产品,我也会为顾客提供最好的产品建议
	当我认为有必要时,我会公开酒店的不良做法
	即使是负面的意见,我也会如实向顾客提供
	即使我的公司不希望我这样做,我也会向顾客暗示我酒店的工作方式
	我花更多时间处理酒店认为无关紧要的顾客事务
	我利用额外的时间为顾客提供帮助,即使这是我不应该做的事情
	我利用酒店的供应品来解决公司可能认为无关紧要的顾客问题
	我利用酒店的资源帮助顾客,即使我的公司可能会认为这是一种浪费
感知优待	我认为我收到了一些来自员工的特殊关照
	相比其他顾客,我觉得员工对我更好
	和别的顾客相比,我与服务员的关系更好
	酒店员工的行为让我觉得被优待

变量	题项
心理契约违背 （反向计分）	我认为该员工遵守了健身房的规章制度
	在我看来，员工能公平公正地对待健身房的每一位顾客
	在我看来，健身房有严格的管理制度
	在我看来，员工的行为符合企业良性发展的价值观
感激情绪	我很感激帮助我的员工
	我非常感激员工的行为
厌恶情绪	我讨厌这样的行为
	这样的行为让我不舒服
	这样的行为让我厌恶、反感
顾客公民行为	我愿意对酒店的服务进行点评
	如果我对改善酒店服务有一些想法，我会告知酒店员工
	我会向他人讲述有关这家酒店积极的事情
	我会向他人推荐这家酒店
	我愿意再次入住这家酒店
	如果酒店对我出现服务失误，我愿意容忍

附录3：实验刺激材料

实验一的情境材料

服务类型	涉事顾客	观察顾客
亲顾客偏离服务	您在 HKOU 酒店预订了一间含早餐的标间。办理入住时，您发现酒店只提供了一张早餐券，随即向前台员工表示还想要一张免费早餐券，用于接待前来陪您用餐的朋友。前台员工告知您，根据酒店的规定，您预订的标间只提供单早服务。经过您向员工争取，前台员工没有收取任何费用，加送一张早餐券给您	您在 HKOU 酒店排队办理入住时，观察到前台员工违规为前面顾客加送了一张免费早餐券
常规服务	您在 HKOU 酒店预订了一间含早餐的标间。前台员工按照服务流程，热情周到地为您办理入住	您在 HKOU 酒店等待办理入住时，观察到前台员工按照服务流程，热情周到地为前面顾客服务

实验二的情境材料

服务类型	涉事顾客	观察顾客
亲顾客偏离服务	您去 HKOU 酒店的健身房办理年卡。尽管开业价格相对同行来说已经很优惠，但您仍然觉得价格不菲，于是您希望前台服务员再给您打九折。前台员工告诉您他没有折扣权限，无法给您打九折。经过您的争取，服务员最终按九折的价格为您办理了年卡	您在 HKOU 酒店的健身房前台排队办理年卡时，观察到前台员工越权按九折的价格为前面顾客办理了健身年卡

服务类型	涉事顾客	观察顾客
常规服务	您去 HKOU 酒店的健身房办理年卡，员工按照服务流程，热情周到地为您服务	您在 HKOU 酒店的健身房等待办理年卡时，观察到前台员工按照服务流程，热情周到地为前面顾客办理年卡

实验三的情境材料

服务类型	涉事顾客	观察顾客
亲顾客偏离服务	您每周三都可以在 IRCD 餐厅免费获得一杯鲜榨果汁。这周三，您去这家餐厅就餐，却被告知餐厅已经取消了这项优惠。您向服务员争取，希望像往常一样能够免费获得一杯果汁。最后，服务员为您免费提供了一杯果汁	您这周三去 IRCD 餐厅就餐。就餐过程中，看到餐厅员工不顾餐厅已取消每周三赠送果汁的规则，免费为邻桌客人提供了一杯果汁
常规服务	您去 IRCD 餐厅就餐，员工按照服务流程，热情周到地为您服务	您在 IRCD 餐厅用餐，看到员工按照服务流程，热情周到地为邻座客人服务